新中国高等院校办学拓展研究

郭力 谢婧 ◎ 著

本成果受北京语言大学校级项目资助（中央高校基本科研业务费专项资金）
（项目批准号 18HQ01）

中国书籍出版社
China Book Press

图书在版编目（CIP）数据

新中国高等院校办学拓展研究 / 郭力，谢婧著. --
北京：中国书籍出版社，2021.1
ISBN 978-7-5068-8146-3

Ⅰ.①新… Ⅱ.①郭… ②谢… Ⅲ.①高等学校—办学模式—研究—中国 Ⅳ.①G649.2

中国版本图书馆CIP数据核字（2020）第230241号

新中国高等院校办学拓展研究

郭 力 谢 婧 著

责任编辑	王志刚
责任印制	孙马飞　马 芝
封面设计	中尚图
出版发行	中国书籍出版社
地　　址	北京市丰台区三路居路97号（邮编：100073）
电　　话	（010）52257143（总编室）（010）52257140（发行部）
电子邮箱	eo@chinabp.com.cn
经　　销	全国新华书店
印　　刷	河北盛世彩捷印刷有限公司
开　　本	710毫米×1000毫米　1/16
字　　数	212千字
印　　张	15
版　　次	2021年1月第1版　2021年4月第1次印刷
书　　号	ISBN 978-7-5068-8146-3
定　　价	58.00元

版权所有　翻印必究

CONTENTS

目 录

引 言

1 中国高校办学拓展的阶段性特点   4
   1.1 1949—1977年缓慢发展时期   5
   1.2 1978—2000年快速发展时期   6
   1.3 2000年后科学发展时期   8

2 中国高校办学拓展路径和方式   13
   2.1 办学空间拓展   13
   2.2 办学资源拓展   16
   2.3 办学主体的拓展   20

第一章　中外合作办学的兴起和发展

1 中外合作办学的发展环境   24
   1.1 谨慎探索与缓慢发展阶段（1978—1992年）   28

  1.2 政府鼓励与规模扩张阶段（1993—2002年） 28
  1.3 制度完善与规范调整阶段（2003—2009年） 29
  1.4 质量提升与特色发展阶段（2010年至今） 30
2 中外合作办学的发展与变化 31
  2.1 中外合作办学的主要形式 31
  2.2 中外合作办学的发展现状 43
  2.3 中外合作办学特点 55

3 中外合作办学过程中存在的问题 71
  3.1 合作的国家区域分布不合理，合作范围较窄 71
  3.2 引进的优质教育资源的数量和质量均不高 75
  3.3 合作专业布局不合理，且无法满足我国实际发展需要 78
  3.4 合作办学层次较低，硕博等高层次、高质量办学项目匮乏 80
  3.5 质量保障体系不完善，内部缺乏评价标准，外部监管机制不足 82
  3.6 有些省份中外合作办学发展不充分，办学规模较低 84
  3.7 各省份内部发展不平衡，合作城市和院校过于集中 87
  3.8 存在办学项目泛滥、办学质量较低、虚假宣传、收费不合理等
    个别不良现象 89

4 中外合作办学发展前景 90

第二章 高等院校分校（区）的建设与发展

1 高校分校（区）的建设背景 93
  1.1 拓展办学空间的起步探索阶段 94

  1.2 本地办学空间拓展的井喷式发展阶段 96
  1.3 异地办学空间拓展的创新发展阶段 98

2 高校分校（区）的不同类型和建设特点 99
  2.1 高校分校（区）的不同类型 100
  2.2 分校（区）建设的特点分析 104

3 高校分校（区）的建设中存在的问题 121
  3.1 校园文化缺失 121
  3.2 师资力量薄弱 123
  3.3 教学硬件条件不足 124

4 未来发展前景 125
  4.1 实施特色化发展 125
  4.2 注重内涵式发展 126
  4.3 建设"绿色校园" 126
  4.4 丰富与拓展办学特色 127

第三章 过渡时期的国有民办二级学院

1 发展背景 128

2 发展回顾 132
  2.1 概念界定 132
  2.2 办学模式 133
  2.3 组织管理 139
  2.4 制度创新与优势 145

3 问题分析 151
　3.1 产权问题 151
　3.2 立法问题 152
　3.3 优质师资匮乏问题 153
　3.4 教育质量问题 153
　3.5 毕业生就业问题 154
　3.6 收费问题 154

4 消失与转换 155
　4.1 启发与意义 155
　4.2 消失与转换 156

第四章 独立学院的发展历程与未来方向

1 发展的动因 160
　1.1 国家教育政策由严格控制转变为积极鼓励 161
　1.2 高等教育定位由精英教育转为大众化教育 163
　1.3 人民群众对接受高等教育的要求由梦想转为迫切需求 164
　1.4 我国高等教育发展由单一模式转为多元模式 165

2 独立学院的合作模式 167
　2.1 高校自办的办学模式 167
　2.2 高校+社会资本的合作办学模式 168
　2.3 高校+政府的合作办学模式 169
　2.4 高校+政府+社会资本的合作办学模式 170

3 独立学院发展中出现的问题　170
　3.1 独立学院的性质不明确问题　171
　3.2 独立学院的产权归属问题　174
　3.3 独立学院的公益性与营利性问题　178
　3.4 独立学院运行机制问题　181
　3.5 教育教学保障不到位问题　183

4 独立学院未来的发展趋势和方向　185
　4.1 独立学院的不同发展阶段　186
　4.2 独立学院转设为民办普通高校的基础及困难　187
　4.3 独立学院未来发展方向　191

第五章 高校地方研究院的兴起与发展

1 高校地方研究院发展的动因　195
　1.1 20世纪90年代高校地方研究院发展动因　195
　1.2 21世纪高校地方研究院发展动因　197

2 高校地方研究院的类型　199
　2.1 合作方不同　199
　2.2 面向产业不同　201
　2.3 发展定位不同　202

3 高校地方研究院的作用　204
　3.1 人才与资源的聚集平台　205
　3.2 科研与产业的对接端口　205

3.3	技术孵化与转化的基地	206
4	高校地方研究院存在的问题	207
4.1	技术研发层次偏低	207
4.2	产学研合作效果不明显	207
4.3	合作各方存在的问题	208
4.4	合作方面存在的问题	210
4.5	运行机制存在的问题	212
5	高校地方研究院未来发展	214
5.1	高校层面	214
5.2	地方政府层面	216
5.3	研究院层面	218

参考文献

引 言

为了满足国家发展需要，适应不断变化的社会经济环境，我国高等教育改革发展的步伐从未停止，我国的高校也随着高等教育的发展不断探索办学之路，始终致力于探索更为科学、合理、高效的办学拓展模式。

我国高校的办学拓展之路与我国高等教育改革相辅相成，高校的办学拓展过程就是高等教育不断改革发展的具体体现。在国家教育相关政策的指引下，高校根据自身发展和市场的需求，通过多种形式不断拓展，探索符合教育发展规律、适应市场需求的办学模式。

我国高等教育改革发展的过程就是教育资源优化配置的过程。国家根据社会经济发展的形势和需要，对高等教育发展的人力、物力、财力等各种资源进行合理优化配置，引导高校不断调整办学思路和发展方向，进行多形式的办学拓展。

一方面，国家制定相关政策不断完善资源配置机制，引导高校发展方向。1983年国务院批准教育部和国家计委的《关于加速发展高等教育的报告》（以下简称《报告》）[①]。《报告》提出：为了实现党的十二大提出的奋斗

[①] 1983年4月28日，国务院批转教育部、国家计委《关于加速发展高等教育的报告》，来自：http://www.scio.gov.cn/wszt/wz/Document/901416/901416.htm。

纲领，各条战线和各个地区都深感专门人才缺乏，迫切要求教育先行，为国家早出人才，多出人才。因此，加速发展高等教育事业，已成为刻不容缓的大事，必须采取有力措施，促使整个高等教育事业在近期（五年左右）就有计划按比例地有一个较大的发展，并为今后更大的发展打下基础。《报告》同时要求各省、市、自治区人民政府、国院各部委、各直属机构结合本地区、本部门情况执行。这项政策直接推动了我国高等教育在短时间内的迅速发展，高校的数量在几年内增长了数百所（1983年我国有高等院校805所，之后一直持续增长，三年内增长了200多所，到1990年高校数量已经达到了1075所）。

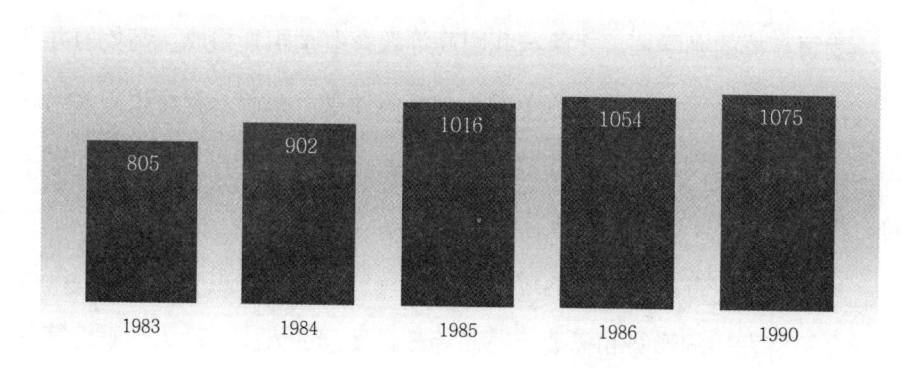

图1　1983年—1990年高校数量变化

另一方面，国家还制定具体的管理制度和规定，对可能出现的一些影响高校发展的行为进行规范和约束。例如，2003年教育部颁布了《关于规范并加强普通高校以新的机制和模式试办独立学院管理的若干意见》[①]，要求

---

① 教育部2003年4月23日印发了《关于规范并加强普通高校以新的机制和模式试办独立学院管理的若干意见》，来自：http://www.moe.gov.cn/jyb_sjzl/moe_364/moe_902/moe_1001/tnull_10310.html。

"各地、各部门和各高等学校，都要继续有步骤、有计划地推进独立学院的试办工作，既要鼓励积极探索、大胆实践，又要切实加强管理，不断规范办学行为，注意并坚决反对一哄而起和"刮风"现象，确保独立学院稳妥、健康地发展"。这些政策法规都从政策和法律角度给予民办教育大力支持，使得独立学院的合法性得到了明确，存在和发展的意义得到了肯定，保证了独立学院规范持续健康发展。

高校出于自身发展的需求，在办学拓展方面具有较为强劲的内生动力，积极开展各种类型的办学拓展活动。

在办学资源方面，积极开展中外合作办学。随着国家的改革开放，教育领域的国际交流与合作也逐渐频繁。教育领域的对外开放推动高校转变办学思路，不断加强与国际知名学校的联络与沟通。为了引进国际优质教育资源，实现国际跨文化交流与合作，中国高校与国际高校携起手来进行合作办学，开设中外合作办学项目，借助国内外优质教育资源实现联合培养。而随着合作的不断深入，国外知名高校与国内高校合作创办中外合作办学机构，在我国教育部的审批和管理下开展本科及以上的学历教育，中外合作办学从而成为我国高校在办学资源拓展方面的典型代表，大大拓展了我国高等教育办学资源的来源与渠道，提升了我国教育发展的国际化水平。

在办学空间方面，众多高校纷纷建设分校（区）。随着我国高等教育的不断发展，各大高校的办学规模也不断扩大，从而也带来了原有校区办学空间不足的问题。为了拓展办学空间，为扩大招生提供办学条件，确保教学和科研的不断发展，很多高校都选择了建设分校（区）。但在一些土地资源较为紧张的一线城市，在本地建设分校区的可行性不断降低，促使北京、上海等城市的高校不得不向外地寻求办学空间。与此同时，二三线城市的崛起对高等教育的需求恰好为全国重点高校外地办学提供了契机，因此在异地建设分校（区）成为各大高校拓展办学空间的主要方式之一。

在办学模式方面，早期开设国有民办二级学院，后来发展成为独立学院。20世纪90年代，中国高等教育开启了快速发展的大众化进程，为进一步拓展高等教育办学的模式，诞生了国有民办二级学院等新兴办学形式。随着根据国家高等教育事业的发展，又出现了国有民办二级学院的进一步发展的形式——独立学院。

在办学形式方面，大力推进地方研究院建设。1996年，清华大学与深圳市人民政府合作设立深圳清华大学研究院，这是一种全新的政产学研结合形式。高校将自身的科研、人才和技术优势通过最低的成本实现了转化，取得了一定的社会效益和经济效益，地方政府和企业得到了实实在在的益处，各方的积极性都很高，因此高校的地方研究院在较短时间内蓬勃发展了起来。

1　中国高校办学拓展的阶段性特点

新中国成立后，我国高校的发展历经了近三十年的缓慢发展时期，自1978年改革开放后，加快了发展的步伐。一路走来，历经了挫折与挑战，最终不断在深化改革发展的教育政策引领下，逐步开始了扎根中国大地、办世界一流高等教育的新征程。

1.1 1949—1977年缓慢发展时期

新中国成立初期，我国高等教育的发展，以平稳为主基调。经过多年战争，国家的经济实力较为薄弱，无力承担高等教育的迅速恢复和大幅增长所需要的大量资金，所以，这个阶段从高校整体数量变化的角度看，并无明显变化。这一阶段的高等教育发展主要是为了适应国家对发展工业和农业的需求，因此国家对于涉及工业和农业生产技术的高校采取积极发展的政策。这一时期，我国工业农业相关的高校数量都有了很大变化。新中国成立前我国工农院校数量均为18所，1957年，我国工业院校数量已经达到了44所，农业院校数量达到了28所。同时，出于对教育的重视，师范类院校的数量也增长了一倍。截至1957年，我国师范类院校的数量从新中国成立前的22所增加到了58所。

1958年，我国进入了第二个五年计划和国民经济调整时期。我国高等教育发展也在这一时期发生了剧烈动荡，从我国高校数量变化上来看，经历了在短时间内的急剧繁荣之后迅速冷却，然后经历了长达七年的急剧缩减，我国高校的数量已经从1960年的1289所减少到了1971年的328所。在这一阶段，变化最大的还是我国的工、农、医、师四类院校。1958—1960年我国工业院校数量从251所增加到了472所，而从1961年起，数量又急剧下降，到1965年减少了127所。农业院校数量变化的轨迹也如此，1958年我国有农业院校96所，1960年有180所，而1965年只有45所。但在此期间，我国综合类大学的数量几乎没有变化。

从1966年开始，我国高等教育事业的发展受到了影响。直到1977年10月12日，国务院批转了教育部根据邓小平指示制定的《关于1977年高等学校招生工作的意见》。①文件规定了高等学校新的招生政策。废除推荐制度，恢复文化考试，择优录取。1977年12月，教育部根据中共中央的指示和《十年规划纲要（草案）》要求，编制了"五五"教育事业计划（草案），草案对普通高等学校提出了发展要求，"靠挖掘现有院校的潜力，扩大培养能力。在一些薄弱地区和薄弱环节适当增设新院校和新专业"。②自1977年开始，我国高等教育事业重新起航。

1.2 1978—2000年快速发展时期

1978年党的十一届三中全会后，国家强调教育事业发展必须和国民经济发展要求相适应。1982年9月，党的十二大报告明确指出，"在今后二十年内，一定要牢牢抓住农业、能源和交通、教育和科学这几个根本环节，把它们作为经济发展的战略重点。"教育事业自新中国成立以来第一次被作为现代化建设的战略重点，这大大提高了我国教育事业的地位，直接推动了我国高等教育的大发展。与此同时，十一届三中全会后的政治经济环境也为我国高等教育的发展提供了有利环境，受改革开放和市场经济的影响，我国高等教育开始走上快速发展的道路。同时受益于对外开放等政策，我国高校向世界敞开了怀抱，逐渐接受、学习其他国家的优秀教育模式，借鉴国外大学的办学管理方法，并在不断交流中引进国际优质的教育资源。这期间，高等教育发展呈现出了阶段性的发展特点。

---

① 内容可参考中央电视台人文地理节目《红色档案》（第六集）http://jishi.cntv.cn/rwdl/classpage/video/20110704/100377.shtml。
② 摘自《中国教育年鉴》（1949—1981），第94页。

第一阶段为1978—1982年，这一阶段的特点是恢复发展。随着高等学校入学考试制度的恢复，各大高校恢复招生，大批知识分子重新回到校园，接受高等教育的学生数量也持续增加，一些之前停办的高校又恢复了教育教学活动，我国高校数量也在三年内增加了200多所。

第二阶段为1983—1990年，这一阶段的特点是快速发展。1983年4月28日，国务院批转教育部、国家计委《关于加速发展高等教育的报告》。《报告》提出，为了实现党的十二大确定的奋斗目标，教育必须先行，加速发展高等教育刻不容缓。5月3日，国务院批准成立全国高等教育自学考试指导委员会，并同意在全国各省、市、自治区逐步推行高等教育自学考试制度。[1]根据报告的精神，高等学校发展在近期五年左右的时间内，实现有计划按比例地发展，并为今后更大的发展打下基础。这为我国高等教育的发展注入了一剂强心剂，从1983年到1985年我国高等院校的数量从815所增长到了1016所。

第三阶段为1991—2000年，这一阶段特点是合并重组。1993年中共中央、国务院印发《中国教育改革和发展纲要》，纲要指出："建国四十多年来，我国教育工作取得了显著成就，社会主义教育制度已经基本确立。同时，必须看到，我国教育在总体上还比较落后，不能适应加快改革开放和现代化建设的需要。"针对高等教育面临的形势和任务，纲要指出："高等教育要适应加快改革开放和现代化建设的需要，积极探索发展的新路子，使规模有较大发展，结构更加合理，质量和效益明显提高。高等教育的发展要坚持走内涵发展为主的道路，努力提高办学效益，要区别不同的地区、

---

[1] 1983年4月28日，国务院批转教育部、国家计委《关于加速发展高等教育的报告》，来源：http://www.scio.gov.cn/wszt/wz/Document/901416/901416.htm。

科类和学校，确定发展目标和重点。要集中中央和地方等方面的力量办好100所左右重点大学和一批重点学科、专业。"[1]当时我国高等教育面临"资源配置合理，现有资源得不到充分合理利用，再加上重复、分散建设，即使投入再多，也不能解决问题，甚至会造成更大的浪费"等现象，"这就要求国家加大教育投入的同时进行高等教育体制改革"。"20世纪90年代初期，一些地方按优势互补的原则对当地高校的布局结构进行了调整，出现了由多所高校合并重组的南昌大学、上海大学、扬州大学、广西大学、延边大学等合并办学的好典型"。党中央、国务院认真总结了这些经验，并加以肯定和推介。"同时，还有一大批高校进行了多方面和多种形式的合作办学，从而在改革实践中总结出了'共建、调整、合作、合并'的基本思路，得到党中央、国务院的肯定，并在实践中形成了较为广泛的共识"[2]。因此，从数据上看，这期间，我国高校数量减少了34所，从1991年的1075所减少到了2000年的1041所，而减少的这34所院校并不是完全消失，而是不同院校之间的合并重组导致的数据上的变化。在近十年时间内，据不完全统计，先后有612所高校进行了合并与重组，其中，以2000年为最多，短短一年中，共进行了105次合并，203所高校经合并重组为79所新的大学。

1.3 2000年后科学发展时期

2000年以后，我国高等教育开始从精英化向大众化过渡，随着国家振兴教育，扩大招生等相关政策的出台，我国高等院校也进入了飞速发展时

---

[1] 摘自《中国教育改革和发展纲要》(中共中央、国务院1993年2月13日印发)，第35-36页。
[2] 摘自《李岚清教育访谈录》(人民教育出版社)。

期。数量上的大幅增长必然会带来质量上的问题，因此在这一时期国家出台了一系列政策保证高等教育科学、稳定发展。所以这一时期我国高校的发展不仅体现在数量上，也体现在质量上，相对于上一发展时期，高校在这个阶段的发展更为科学。同时为了适应社会经济环境的变化，这一时期高校的发展也呈现出其他特征，如办学空间的扩展、办学模式的多样性以及办学资源拓展的创新等等。

1.3.1 数量上的增长

1999年1月13日国务院批转教育部《面向21世纪教育振兴行动计划》（1998年12月24日制定），要求"全社会都要高度重视教育，要使科教兴国真正成为全民族的广泛共识和实际行动"[①]。《面向21世纪教育振兴行动计划》对高等教育提出的要求为："积极稳步发展高等教育，高等教育入学率达到11%左右。到2010年，高等教育规模有较大扩展，入学率接近15%，若干所高校和一批重点学科进入或接近世界一流水平"[②]。同年6月，第三次全国教育工作会议在北京召开，会议印发了《中共中央国务院关于深化教育改革全面推进素质教育的决定》，再次提出"调整现有教育体系结构，扩大高中阶段和高等教育的规模，拓宽人才成长的道路，减缓升学压力"。在1999年12月6日召开的教育部年度工作会议上，时任教育部部长陈至立发表讲话指出："根据中央的决策，1999年在时间紧、任务重的情况下，经过各级教育行政部门和高等学校的共同努力，平稳、顺利地完成了高校的扩招任务。据统计，1999年全国各类高等等教育招生160万人，比1998年

---

① 摘自国务院批转教育部《面向21世纪教育振兴行动计划》的通知。

② 摘自《面向21世纪教育振兴行动计划》。

增加51万人，增长47%，在校生人数较上年增加76万人，增长22%；成人高等教育招生约116万人，较上年增长近16%。全国普通高等教育录取率达到49%，比1998年提高了近13个百分点。"[①]2001年，教育部在《全国教育事业第十个五年计划》中指出："进入21世纪，国际竞争日趋激烈，竞争的焦点是人才的竞争，是全民素质的竞争……今后5到10年，必须坚定不移地实施科教兴国战略，抓紧完成并不断深化各项重大教育改革，加速教育事业的发展，把人力资源作为国家资源的重要组成部分，全面提高国民素质，培养大量具有创新精神和实践能力的人才，千方百计缩小同一些发达国家的差距，为我国经济、社会的快速、持续、健康发展，做出应有的历史性贡献。"[②]在国家教育政策的影响下，我国高校数量出现了大幅度增长。根据教育部公布的《中国教育年鉴（2000—2010）》的数据，在这十年内，我国高校的数量增长约1.2倍，2000年我国普通高等学校数量为1941所，2010年则达到2359所。

在全国高校数量增长的同时，各高校纷纷开始建设分校区。随着高等教育发展定位由精英化教育转为大众化教育，人民群众对于高等教育资源的需求和现有高校不能满足需求的矛盾不断凸显，高校不断扩大招生规模，开始扩建校区，实施多校区办学。同时，由高校与社会资源合作办学而产生的独立学院也在这一时期发展迅猛。截至2010年，我国普通高等学校数量为2358所，但拥有独立办学地点的高等学校实际有2414所，未被统计入内的56所学校为高校的分校区或独立学院。

[①] 摘自《中国教育年鉴》（2000年），"在教育部2000年年度工作会议上的讲话"，第42-43页。
[②] 摘自教育部关于印发《全国教育事业第十个五年计划》的通知，来源http://www.moe.gov.cn/jyb_xxgk/gk_gbgg/moe_0/moe_7/moe_17/tnull_210.html。

1.3.2 质量上的保证

2010年以后,国家出台了一系列教育改革和发展政策文件,确保我国教育事业科学、稳步发展,如《国家中长期教育改革和发展规划纲要(2010—2020)》《全面推动我国教育事业实现科学发展》《以改革创新精神加快推进世界一流大学和高水平大学建设步伐》《贯彻落实〈教育规划纲要〉,促进高等教育改革、发展和问题》等。2010年6月21日,中共中央政治局召开会议,审议并通过《国家中长期教育改革和发展规划纲要(2010—2020年)》,对高等教育的发展提出明确任务,即"全面提高高等教育质量、提高人才培养质量、提升科学研究水平、增强社会服务能力以及优化结构办出特色"[①]。在这一阶段,高等教育的发展不再追求量的增加,更加重视内涵建设和品质保证,中央以及地方开始集中力量提高已有高校的办学质量,我国的高等教育开始向高水平、国际化方向发展,加快创建世界一流大学和高水平大学的步伐,培养一批拔尖创新人才,形成一批世界一流学科,产生一批国际领先的原创性成果,为提升我国综合国力贡献力量。从2010年我国高校数量变化上来看,虽然每年都有所增加,但增加的幅度变化平稳,中央部属高校几乎处于稳定不变的状态。

1.3.3 特色创新发展

与此同时,自2010年起,在国家有关文件的鼓励下以及地方为寻求发展而出台的各项政策的推动下,校地合作的异地办学形式开始呈现潮流趋势,一大批中外合作办学、地方研究院以及其他模式的学校在地方政府、

---

① 摘自《国家中长期教育改革和发展规划纲要》(2010—2020年)。

高校以及相关企业的共同参与下，在远离校本部的地区落地，在推动高等教育办学模式多样化发展的同时，也为高等教育资源的优化配置做出了贡献。例如，深圳和广州两所城市已成为很多高校拓展办学的首选之地。深圳大学园已经有60多所高校入驻，截至目前广州大学城已经有十多所高校在运行。地方引进、异地办学、合作共建是这一阶段高校进行多校区办学的主要特色。

这期间，我国民办高校也出现了大发展，主要体现为独立学院转设为民办普通高校。2006年9月，教育部《关于"十一五"期间普通高校设置工作的意见》首次提出独立学院"转设"的概念，意见指出："独立学院视需要和条件按普通高等学校设置程序可以逐步转设为独立建制的民办普通高等学校。"[①]2008年2月，经教育部部务会议审议通过《独立学院设置与管理办法》（教育部令第26号），自2008年4月1日起施行。《办法》明确提出五年过渡期的规定："办法施行之日起5年内，基本符合本办法要求的，由独立学院提出考察验收申请，经省级教育行政部门审核后报国务院教育行政部门组织考察验收，考察验收合格的，核发办学许可证。"[②]2016年11月7日，全国人大常委会审议通过《中华人民共和国民办教育促进法》（以下简称《民促法》）修正案，同年12月29日，国务院颁布了《关于鼓励社会力量兴办教育促进民办教育健康发展的若干意见》（国发〔2016〕81号，简称国务院30条）。2018年8月10日，司法部公布了《中华人民共和国民办教育促进法实施条例（修订草案）（送审稿）》。2018年12月29日第十三届全国人民代表大会常务委员会第七次会议通过了第三次修正《中华人民共和国

---

① 摘自《教育部关于"十一五"期间普通高等学校设置工作的意见》（2006年9月26日）。
② 摘自《独立学院设置与管理办法》（中华人民共和国教育部令第26号）。

民办教育促进法》。这些文件法规为独立学院转设为民办普通高校奠定了基础，这一时期开始，独立学院开始陆续转设为民办普通高校。截至2018年，全国共有本科院校1245所，其中尚未完成转设的独立学院265所。这意味着，如果独立学院转设工作全部完成，未来中国高校的阵营中，民办高校将成为一支重要的力量。

2 中国高校办学拓展路径和方式

为了满足国家发展需要，适应不断变化的社会经济环境，我国高等教育改革发展的步伐从未停止，我国的高校也随着高等教育的发展不断探索办学之路，始终致力于探索更为科学、合理、高效的办学拓展路径和方式。我国高校办学拓展的路径和主要方式有办学资源拓展、办学空间拓展以及办学主体拓展。这三类办学拓展方式都产生了具有代表性的办学拓展成果：在办学资源拓展方面，出现了中外合作办学、地方研究院等形式；在办学空间拓展方面，产生了多校区办学、异地办学以及境外办学等有别于传统的单一办学空间的办学形式；在办学主体方面，独立学院转设为普通民办高校，高校主办者由公办一统天下转为公办和民办均参加建设，发挥各自优势，共同推进高等教育事业发展。

2.1 办学空间拓展

我国高等教育事业在社会经济环境的不断变化中逐渐向前发展，办学空间是这条发展道路上遇到的首先需要解决的问题，因此也成为我国高校办学拓展的主要方面。总体上来说，我国高等教育办学空间的拓展主要来自两个方面：其一是国家层面的，通过增加高校的数量，从而实现高等教育整体上增加办学空间。这种办学空间的拓展方式主要取决于国家政策，国家教育主管部门从我国高等教育事业发展的整体布局角度出发，根据不同时期的不同发展需要，不断补充我国高等教育的办学力量，平衡地区间高等教育资源，完善高校的地理分布，结合学科领域的发展需要和地方建设民生需求，建设新的高校。其二是指每所高校自身不断扩充自己的办学面积。这种办学空间的拓展方式主要是从高校自身出发，为了满足自身发展的需要和社会经济变化对高校提出的新要求，或在本地区扩充原有校区的办学面积，建设分校区，或在异地、他国办学，从而整体上为学科发展和人才培养拓展出更多的空间。

随着我国高等教育的改革，各大高校的办学规模也在不断扩大，尤其进入2000年之后，高等教育开始大众化，国家鼓励各大高校扩大招生规模，这对高校的办学空间提出了挑战，原有的办学空间必然无法满足现实需求。随着社会经济的发展，市场也对高校的办学提出了更高的要求，在唯一的地点开展办学以及完全传统的办学形式已经无法满足各类需要，因此各大高校也针对不同时期的不同需求、不同条件探索出了一系列新兴办学形式。为了给创新的办学形式提供实施场所，在国家政策的鼓励下，各大高校纷纷拓展自己的办学空间，在校本部所在城市或异地建设分校（区），也催生了分校、多校区、独立学院、异地办学等新兴办学现象的诞生。

由于国家政策的支持，以及地方发展需要的推动，在20世纪80年代中期，受我国高等教育改革和高等教育大众化双动力的推动，高校为自身建设和发展需要积极寻求办学空间，纷纷进行多校区建设，实行多校区办学。

按照时间脉络，高校开展多校区办学主要经历了三个阶段，每一阶段的发展动因各不相同，因而各阶段特征较为明显。第一阶段是从1980年开始的合并共建阶段。上海交通大学闵行校区、南京大学浦口校区、东南大学无锡分校以及哈尔滨工业大学威海分校是早期比较具有代表性的多校区办学案例。在这一阶段主要特征是合并后各大高校的融合，虽然已经有实际意义上的分校区存在，但多校区办学的理念还未被提及。第二阶段是从2000年开始的拓展办学空间阶段。这一时期兴起的主要原因是很多高校在发展过程中遇到办学空间不足的现实问题，加之1999年6月中共中央国务院发布的《关于加强和深化教育改革，全面推进素质教育的决定》和2004年4月发布的《民办教育促进法实施条例》的推动。因此在这个阶段开始出现了真正意义上的多校区建设，由于这一时期很多高校多选择在在校本部当地建设分校区，已解决办学空间不足的燃眉之急，因此在一些重点城市的热门区域催生了很多大学城的出现，如北京的昌平高教园、沙河高校区，上海的松江区、徐汇区和闵行区的大学城，南京的浦口，以及广州大学城等。第三阶段是从2010年开始的多方合作共建异地校区阶段。早在1999年由中共中央国务院发布的《关于加强和深化教育改革，全面推进素质教育的决定》就提出鼓励高校在外地进行合作办学，但异地办学高潮的兴起还是随着近几年一些重点城市如深圳、珠海、青岛、广州以及苏州等为了地方发展，吸引优质高等教育资源入驻，为地方社会、经济、文化发展注入活力，出台了非常宽松、优厚的吸引政策，大大推动了我国各大高校进行异地办学的步伐。例如清华大学、北京大学、哈尔滨工业大学、中国科学院以及西北工业大学等一批在深圳建设的研究院均属于各大高校异地办学活动。

2.2 办学资源拓展

办学资源是高校发展的核心动力，决定了高校是否能充分发挥人才培养、科学研究和社会服务等多方面职能。大力丰富高校的办学资源，增加高等教育供给的多样性，创造更为多元化的人才培养模式，提升人才培养的质量，一直是高校在办学拓展道路上的首要任务。

随着改革开放和全球经济一体化的发展，我国高校在办学资源拓展方面拥有了更多的机遇与挑战。尤其随着高等教育国际化进程的推进，各高校也不再拘泥于传统的办学资源获取方式，纷纷拓宽发展思路，敞开怀抱，主动了解、学习和借鉴世界各国一流高校的人才培养模式、管理体制等经验和做法，通过交流与合作，引入国际优质办学资源，不断丰富、充实我国高等教育的办学资源。

我国高校办学资源拓展路径基本都是由原来的自我内部封闭发展向外部合作发展，主要方式有由国内向国外拓展、由校内向校外拓展。

2.2.1 由国内向国外拓展

1975年，中央政治局讨论提交了《1976—1985年发展国民经济十年规划纲要（草案）》，教育部根据1977年《1976—1985年发展国民经济十年规划纲要（修订案）》编制了《"五五"教育事业计划（草案）》，草案中首次强调了教育对外交流的重要性，明确提出"要做好派遣和接受留学生的工作",同时也为办学资源的互通共享打开了沟通的渠道,中国开始以包容、开放的心态了解西方的教育理念,中国的教育工作者开始探究如何吸收国际上优质的教育资源,并以适合国内发展环境、国人能够接受的方式引入国内,从而开启了向国外拓展办学资源的进程。

教育领域的国际交流与合作推动了优质教育资源在国际环境下的流动,在整体开放的大背景下,一些优质的国际教育资源逐渐被引入国内。中外合作的办学项目也让很多的中国学生获得了与全球高水平教育对接的机会,无论从专业知识方面还是综合能力方面都得到了锻炼与培养。而随着国际交流不断深入,中外合作办学机构不仅成为国内外高校合作逐渐深化的产物,也代表着我国高等教育在办学资源拓展方面进一步由国内向国外拓展。

我国的中外合作办学始于20世纪70年代,是我国高等教育办学资源拓展的典型代表。1978年底,党的十一届三中全会召开,教育领域对外开放开始全面推进,中外合作办学也随着国际交流与合作逐步深入。中外合作办学前期主要是服务于政治和文化交流需要,在院校层面实现国际的、跨文化的、全球的教育资源相互流动。随着中外合作办学活动的不断深入,办学内容的不断丰富,国家才开始出台相关政策和规定加以管理。直到1995年,国家教育委员会发布了《中外合作办学暂行规定》。[1]《规定》中第一次给出了中外合作办学的准确定义,并对中外合作办学过程中的活动加以指导。该规定指出中外合作办学是指"外国法人组织、个人以及有关国际组织同中国具有法人资格的教育机构及其他社会组织,在中国境内合作举办以招收中国公民为主要对象的教育机构,实施教育、教学活动"。

---

[1] 根据《教育部关于废止部分规章和其他规范性文件的通知》教政法〔2004〕9号,《中外合作办学暂行规定》(1999年)已于2004年9月20日废止。

我国中外合作办学也经历了谨慎探索、政府鼓励、制度完善和质量提升四个发展阶段。最初的中外合作办学因服务国家外交政策，主要开设语言培训班和文化研究中心等合作机构和项目，如最早的"日语教师培训班"和"南京大学—约翰斯·霍普金斯大学中美文化研究中心"。随着这一办学形式的缓慢发展，政府开始鼓励开展中外合作办学活动。1993年2月和1995年1月出台的《中国教育改革和发展纲要》《中外合作办学暂行规定》都表明了政府鼓励中外合作办学的态度，并明确指出中外合作办学"是中国教育对外交流与合作的重要形式，是对中国教育事业的补充"。这一时期上海的中外合作办学活动最具代表性，短短几年中外合作办学项目和机构实现井喷增长。到2001年，上海新批准的中外合作办学项目已达到49个。2003年3月和2004年6月国务院先后颁布了《中外合作办学条例》《中外合作办学条例实施办法》，我国中外合作办学进入了制度完善发展时期，长江商学院、宁波诺丁汉大学和西交利物浦大学等中外合作办学机构就诞生于这一时期。进入2010年之后，我国中外合作办学经过较长时间的调整，开始进入量质互变的螺旋式上升期，朝着外延扩展与内涵提升并重的方向发展。具有学科发展特色的中山大学中法和工程与技术学院、广东以色列理工学院等机构开设于这一时期。另外，昆山杜克大学、温州肯恩大学、上海纽约大学、香港中文大学（深圳）和深圳北理莫斯科大学具有独立法人资格的中外合作办学机构均在2010年之后成立。

2.2.2 由校内向校外拓展

1978年，邓小平同志在教育部召开的全国教育工作会议上重申了教育与生产劳动相结合的原则，他还提出"现代经济与技术的迅速发展，要求我们在教育与生产劳动相结合的内容上、方法上不断有新的发展"。同时，随着国家社会经济的发展，高校校外因素对高等教育发展的影响越来越凸显。在这样的大背景下，我国高校将寻找办学资源的目光由校内转向校外，开始了与地方政府、行业企业的合作之路。高校的人才培养、科学研究以及教学服务的发展由原来的国家计划型逐渐发展为市场导向型。经济发展需要什么样的人才，高校就培养什么样的人才。高校在设定人才培养目标时更加看重市场需求，对人才的培养也更加重视符合市场实际工作的综合能力的提高。很多高校将目光投向市场，虚心接受企业等市场参与者的建议，开始关注当今社会人才应具备的能力，开始与地方政府、行业龙头企业携手，产学研合作步入了健康发展的道路。而之后国家提出的有关产教融合等一系列政策更进一步推动了我国高等教育向创新、合作的方向发展，逐步开创了政产学研一体化的人才培养方式。

20世纪80年代，高校开始与地方政府合作建设高校的分校区。1985年，上海交通大学在上海市闵行区征地5000亩，率先筹建闵行校区，并于1987年招收第一批新生。南京大学于1987年在南京市浦口区珍珠泉风景区征地4000亩，建立浦口校区。我国高校分校区建设这一拓展办学空间的形式开始登上了历史舞台。20世纪90年代，作为高等教育在办学机制方面的一种尝试，国有民办二级学院开始出现。1992年，天津师范大学成立了国际女子学院，这是第一个国有民办二级学院的高校。1996年，深圳清华大学研究院正式成立，它是由清华大学与深圳市政府共建，为国内高校与地方政府共建研究院开了先河。2000前后，随着国家高等教育事业的发展，又出现了国有民办二级学院进一步发展的形式——独立学院。无论是分校区、国有民办二级学院还是高校地方研究院、独立学院，它们的基本合作模式均为"高校+社会资源"(或地方政府,或企业,或兼有),这些办学形式的出现,无一不体现了高校办学资源由校内向校外的拓展。

2.3 办学主体的拓展

高校办学主体是指高等院校的投资设立者或举办者。新中国成立之初,党中央充分认识到教育的重要性并着手改造旧教育。1949年12月,教育部组织召开了第一次全国教育工作会议,会议提出了"以老解放区新教育经验为基础,吸收旧教育有用经验,借助苏联经验,建设新民主主义教育"的方针,通过接管、接收、接办等多种方式,将私立高校逐步改为公办高校,此后相当长一段时期内,政府成为中国高校办学的唯一主体。

1982年12月4日第五届全国人民代表大会第五次会议通过的《中华人民共和国宪法》第十九条明确提出:"国家鼓励集体经济组织、国家企业事业组织和其他社会力量依照法律规定举办各种教育事业。"[1]这标志着国家开始允许社会力量进入到教育发展领域。1998年8月29日,第九届全国人大常务委员会第四次会议通过的《中华人民共和国高等教育法》第六条第二款规定:"国家鼓励企业事业组织、社会团体及其他社会组织和公民等社会力量依法举办高等学校,参与和支持高等教育事业的改革和发展。"随着国家各种政策法规文件等的出台,中国高校办学主体开始出现多元化,一方面,由原来的政府作为唯一举办者拓展为多种社会力量,另一方面,由原来的中央和省两级举办者扩展为包含中心城市在内的三级举办者。

---

[1] 摘自《中华人民共和国宪法》(1982年)。

目前中国高校的办学主体主要有三种：公办型、公与民混合型和民办型。

2.3.1 公办型办学主体

公办型高校是指由政府投资兴建，政府是高校的唯一举办者。新中国成立后相当长一段时间内，公办型高校主要由中央政府和省级政府举办。

1985年5月27日中共中央会议上通过的《中共中央关于教育体制改革的决定》指出："高等学校能为自主地进行科学技术开发和解决社会主义现代化建设中重大理论问题和实际问题做出较大贡献。"并提出了"为了调动各级政府办学的积极性，实行中央、省（自治区、直辖市）、中心城市三级办学的体制"[①]。

这份文件实际上扩大了中国公办型高校举办者的范围，由原来的中央和省，扩大到中心城市一级，即由原来的两级政府举办，变为三级政府举办。这也是公办型高校办学主体的一次拓展。这就是目前存在中央部委属高校、省属高校和市属高校的原因。例如，北京语言大学属于教育部直属高校，北京航空航天大学属于工业与信息化部直属高校，郑州大学属于河南省省属高校，漯河职业技术学院属于漯河市市属高校。

2.3.2 民办型办学主体

民办型高校是指由除国家机关和国有企业事业组织以外的各种社会组织以及公民个人，自筹资金投资兴建的高校，即非公办型。

---

① 摘自《中共中央关于教育体制改革的决定》（1985年5月27日发布）。

20世纪80年代，随着改革开放的深入发展，中国教育出现了民办的影子，社会力量开始举办一些非学历教育机构。随着这些机构的发展，一方面社会力量进入到高等教育办学的愿望越来越迫切，另一方面国家也需要借助社会力量发展高等教育。1993年8月17日，国家教育委员会颁发了《民办高等学校设置暂行规定》，《规定》第一条就明确了"民办高等学校是我国高等教育事业的组成部分"，这标志着民办高校在我国高校中的合法地位正式确立。此后，各类民办高校纷纷建立起来，例如山东英才学院、西安外事学院、吉林华侨外国语学院等。随着独立学院转制工作逐步推进落实，中国民办高校力量将会不断壮大。

2.3.3 混合型办学主体

混合型高校是指其办学主体既有国家相关力量，又有社会力量，多方共同建设的高校，即公办型与民办型的混合体。混合型办学主体的情况非常复杂，历史上存在着多种模式，例如公办民助、民办公助、国有民办二级学院等，发展到目前，主要存在以下两种情况——独立学院和中外合作办学。

独立学院专指"由普通本科高校按新机制、新模式举办的本科层次的二级学院"。独立学院虽然起步较晚，但是目前已经成为我国高等教育事业发展过程中重要的标志性形式之一。独立学院不用国家的财政性经费举办，而是依靠社会资本或者民间渠道筹集办学资金，其办学合作模式多样，有高校自身发展、高校+政府、高校+社会资本、高校+政府+社会资本等多种模式。

2004年，教育部正式批准确认第一批249所独立学院，这标志着独立学院这一新型办学形式正式进入中国高等教育体系，当时全部在校生人数是68万人。到了2010年，独立学院发展为323所，在校生260.31万人。6年间独立学院增加了74所，比2004年增加了29.7%，但是在校生人数却增加了192.31万人，比2004年增加了2.8倍多。这说明独立学院的办学模式得到了人民和社会的认可。

中外合作办学中的独立法人机构办学是指中方与外方合作成立一所具有独立法人资质的高校，例如宁波诺丁汉大学、西交利物浦大学等。自2002年第一所具有法人资格的高等教育中外合作办学机构——长江商学院创立后，到2017年2月，我国法人设置高等教育中外合作办学机构数量已达9所。经过十余年的发展，中外合作办学机构在人才培养、科学研究及社会服务等方面取得了阶段性进展。这些机构通过引进优质国际教育资源，为国家、社会培养出了数目可观的高素质国际化人才，为全面深化教育领域综合改革做出了有益探索。

第一章　中外合作办学的兴起和发展

1　中外合作办学的发展环境

中外合作办学产生于20世纪70年代末，是我国高等教育办学拓展过程中最重要的内容之一，它的兴起、发展与扩大，体现了我国在教育领域的对外开放程度的不断深化，同时也代表了我国高等教育的发展思路在办学资源方面开始由内部发展转向外部，寻求更为优质、更有利于教育发展的资源。这标志着我国的高校不再故步自封，而是打开国门，与全球优秀的高等学府进行交流与合作，在引进国际优质教育资源的同时，也将中国的高等教育和中华文化推向世界，对我国高等教育的国际化建设起到了至关重要的作用。

在高等教育领域，国际化的建设过程主要是通过国际交流与合作来完成，其目的是实现优质教育资源的跨国流动与合理配置，满足全人类的教育需求，为经济全球化提供智力支持和人才储备。事实上，国际合作办学最早出现在发达国家之间，特别是发生在英、美两国，一些曾经为英国殖民地的国家，深受英国教育文化影响，从而在教育国际化合作方面也积极与英美两国开展合作。它们彼此教育文化差异较小，合作可行性较高，因而一般进展都比较顺利，也积累了丰富的经验，总结了很多的教训。但随着世界经济全球化的程度不断深化，发达国家之间以及发达国家与发展中国家之间的联系不断加强，国际合作办学的性质和程度都有了明显转变，广大发展中国家为了更加高效地缩短与发达国家之间的教育水平差异，开始积极参与和推荐教育国际化的相关事务，进而推动国际合作办学的主要宗旨慢慢演变为推动全球教育事业的发展。

我国参与国际合作办学始于改革开放时期，随着我国外交政策以及经济文化发展战略的调整，中外合作办学逐渐登上历史舞台。1978年，党的十一届三中全会召开，教育领域对外开放开始全面推进，中外合作办学也随着国际交流与合作逐步深入。中外合作办学前期主要是服务于政治和文化交流需要，在院校层面把国际的、跨文化的、全球的教育资源相互传递。随着中外合作办学活动的不断深入，办学内容的不断丰富，国家才开始出台相关政策和规定加以管理。1995年，国家教育委员会发布了《中外合作办学暂行规定》，第一次给出了中外合作办学的准确定义，并对中外合作办学过程中的活动加以指导。该规定指出中外合作办学是指"外国法人组织、个人以及有关国际组织同中国具有法人资格的教育机构及其他社会组织，在中国境内合作举办以招收中国公民为主要对象的教育机构，实施教育、教学活动"。

梳理我国中外合作办学的发展历程不难发现，推动我国高等教育的国际化交流与合作的动力主要有两方面：外部需求和内部需求。所谓外部需求，是指国际上其他国家，尤其是西方发达国家对与中国进行教育领域的合作的意愿增强。20世纪70年代末和80年代初,西方发达国家的高等院校进行了大变革,一大批高等学府实现了法人由公到私的转变,从而导致国家财政投入大量降低,很多大学不得不走上自力更生的道路。为了获得更多的办学经费,这些学校降低学校门槛,大量招收自费留学生以增加学校收入,无形中为那些其他国家希望接受西方优质教育的学子提供了更多的机会。值得注意的是,在西方大学相继放宽招生标准的时期,正值我国成功实现市场经济转变和大力推行对外开放时期,很多中国人在这一背景下积累了大量的财富,成为有能力支持子女出国留学的主力军。根据教育部发布的相关数据,改革开放40年来,我国各类出国留学人员累计已达519.49万人,目前有145.41万人正在国外进行学习和研究。[1]与此同时,一些西方大学已不满足于中国留学生到国外就读,而是选择与中国政府和大学合作,直接将分校建到了中国,进一步推动中外高等教育交流与合作的深度发展。当然,在外部需求方面,除了经济需求外,很多教育不发达的国家充分享受了中国的对外开放政策和友好外交政策,在中外双方政府和教育机构的推动下,向我国输送了大量的外国来华留学生,满足他们对我国优质教育资源的需求。[2]2019年6月央视新闻报道了教育部的最新数据:2018年来华留学生超49万,"留学中国"成为品牌。

从内部需求来看,中国也亟须与教育发达国家合作,交流教育经验,引进教育资源,培养国际化人才。随着改革开放发展进程的推进,我国社

---

[1] 《我国年出国留学人数突破60万》来自:中国政府网http://www.gov.cn/xinwen/2018-03-30/content_5278643.htm。
[2] 教育部:2018年来华留学生超49万,"留学中国"成品牌。来自:央视新闻https://baijiahao.baidu.com/s?id=1636684200569997119&wfr=spider&for=pc。

会经济的发展对人才的需求越来越紧迫，国家越来越认识到人才对于国家发展的重要性。早在1983年，邓小平同志就提出教育要面向现代化，面向世界，面向未来的思想，这无疑为我国的教育改革指明了方向，同时也进一步推动了中外合作办学的发展。而从市场内部需求来看，日益发展的市场经济对通晓国际经济运行规则、具有国际化理念、能够进行跨文化交流的高素质人才的需求不断增加，而我国高等教育资源相对有限，高等教育的供给远不能满足经济建设的需要。从经济学的角度分析，作为需求方的国家因为教育资源匮乏，国民教育体系的教育供给在短时间内无法满足国内对于高等教育的旺盛需求，因而对国际优质教育资源非常渴求；作为供给方的发达国家，经济实力雄厚，高等教育资源丰富，国家和大学自身均希望教育资源输出。旺盛的市场需求，丰富的供给资源，推动着高等教育国际合作办学的巨大发展。[①]

但随着中外合作办学这种高等教育资源拓展方式的不断深入发展，在不同时期影响其发展的因素也不同。广东省教育研究院王志强教授在《新时代高等教育中外合作办学的历史变迁与未来展望》一文中将我国探索发展中外合作办学之路分为了四个阶段，即谨慎探索与缓慢发展阶段（1978—1992年）、政府鼓励与规模扩张阶段（1993—2002年）、制度完善与规范调整阶段（2003—2009年）、质量提升与特色发展阶段（2010年至今）。

---

① 翁彦：《高等教育中外合作办学产生的背景及动因研究》，载《教育教学论坛》，2019(13)：70-72页。

1.1 谨慎探索与缓慢发展阶段（1978—1992年）

党的十一届三中全会以后，教育领域开始全面推进对外开放，中外合作办学随着国际交流与合作的逐步深入而出现，并呈现出三大特点：一是服务于政治和文化交流需要，这时的高等教育国际化是在国家和院校层面，将国际的跨文化交流与高等教育办学功能相融合。高等教育国际化是我国对外开放总体框架的组成部分和先行设计，作为高等教育国际化重要内容的中外合作办学是推进政治和文化全球交流的载体之一。我国最早的中外合作办学项目"日语教师培训班"是《中日文化交流协定》的组成内容和成果。最早的中外合作办学机构南京大学—约翰斯·霍普金斯大学中美文化研究中心以推进中美文化交流为重要任务。二是办学形式相对单一，以短期的非学历语言培训为主。三是规模较小，监管乏力。到1993年年初，中外合作办学机构和项目仅为71家。由于规模较小，影响力非常弱，这一新兴办学形式尚未引起政府的高度关注。因而在政策层面也没有出台相关的法规。

1.2 政府鼓励与规模扩张阶段（1993—2002年）

这一时期具有中国特色的市场经济定位逐渐确立和完善，这对培养高素质的国际化人才提出要求，也为民众接受中外合作办学教育奠定了基础。这一时期的中外合作办学的特点主要体现在三个方面：一是政府开始鼓励，中外合作办学的地位逐步确立。1993年2月和1995年1月出台的《中国教育改革和发展纲要》《中外合作办学暂行规定》都表明了政府鼓励中外合作办学的态度，并明确指出中外合作办学"是中国教育对外交流与合作的重要形式，是对中国教育事业的补充"。二是出台相关政策，全面加强监管。面对中外合作办学过程中的突出问题，原国家教委先后出台《关于境外机构和个人来华合作办学问题的通知》（1993年6月）和《中外合作办学暂行规定》，对办学的原则、目的和管理等基本问题进行简要说明。三是规模不断扩大，质量开始堪忧。据不完全统计，到2002年年底，全国中外合作办学机构和项目共712个。虽然政府开始对办学行为进行监管，但是由于缺乏系统全面的法律体系进行规范，办学质量相对不高，中外合作办学一度成为教育领域违法违规的重灾区。这一时期上海的中外合作办学活动具有代表性，从1993年至1996年，上海通过审批成立的中外合作办学机构（项目）以等差数列方式逐年递增，并在之后的几年内平稳增长，到2001年上海新批准的中外合作办学机构（项目）达到49项。[1]但在2002年的1—5月，上海市教委共接到教育消费类投诉62件，涉及的学校多为社会力量开办的教育培训机构，其中外籍教员的虚假问题尤其突出。[2]

1.3 制度完善与规范调整阶段（2003—2009年）

经过20余年的发展，中外合作办学在引进境外优质教育资源方面的作用和优势已经初步显现，但同时在招生、教学和管理等方面存在的问题也凸显出来，尤其是"在价值取向上，存在政府与高校之间的错位，国内高

---

[1] 董秀华：《上海中外合作办学现状与未来发展透视》，载《教育发展研究》，2002(09)：48-53页。
[2] 徐洁：《我国中外合作办学的现状及其存在的问题》，载《中国高教研究》，2003(10)：3页。

校与合作外方高校之间暗合的基本现实"。在总结以前办学经验和教训的基础上,国务院先后于2003年3月和2004年6月颁布了《中外合作办学条例》《中外合作办学条例实施办法》。此后,教育部又先后发布了《关于做好中外合作办学机构和项目复核工作的通知》《关于当前中外合作办学若干问题的意见》(2006年4月)、《关于进一步规范中外合作办学秩序的通知》(2007年4月)、《关于开展中外合作办学评估工作的通知》(2009年7月)等政策文件,力图通过建立通畅有效的信息发布渠道、探索学历学位证书认证制度、构建全面严格的质量评估机制和明确各办学主体责任等方式整顿合作办学市场。

1.4 质量提升与特色发展阶段(2010年至今)

经过较长时间的调整,中外合作办学进入量质互变的螺旋式上升期,朝着外延扩展与内涵提升并重的方向发展。在政策层面,《国家中长期教育改革和发展规划纲要(2010—2020年)》《国家教育事业发展"十三五"规划》等文件均鼓励和支持高校与本层次、本类型境外一流院校开展合作交流。2016年4月,中共中央办公厅、国务院办公厅印发的《关于做好新时期教育对外开放工作的若干意见》更是对中外合作办学发展重点做出部署,同时对通过高端合作推动"双一流"建设寄予厚望。在实践层面,这一时期中外合作办学呈现出三大特点:一是朝着特色发展。中外合作办学质量评估体系中将办学模式、管理模式、国际合作、人才培养等方面的特色作为重要观测点。而国内高校在实际操作中不仅重视合作学校的世界排名,还强调学科与专业特色,例如中山大学中法核工程与技术学院、广东以色列理工学院等。二是引进力度加大。在现有的10所本科及以上层次具有独立法人资格机构中，6所为2010年以来建立的，分别为昆山杜克大学、温州肯恩大学、上海纽约大学、广东以色列理工学院、香港中文大学（深圳）和深圳北理莫斯科大学。三是战略地位凸显。2014年5月，中俄两国教育部门在两国元首见证下签订谅解备忘录，支持莫斯科大学与北京理工大学在深圳合作举办大学。2017年9月，习近平和普京分别向深圳北理莫斯科大学致贺词，表明中外合作办学成为我国对外开放战略的重要支点。

2　中外合作办学的发展与变化

2.1　中外合作办学的主要形式

目前，我国高等教育中外合作办学形式主要分为三类，即机构类、项目类和境外办学类。机构类的中外合作办学主要分为法人设置本科及以上中外合作办学机构（具有独立法人资格的中外合作办学高校，例如西交利物浦大学、宁波诺丁汉大学）、非法人设置本科及以上中外合作办学机构（各个大学在校内通过中外合作办学的形式设立的非独立法人校内二级学院，例如上海交通大学密西根学院、北京航空航天大学中法工程师学院）。项目类的中外合作办学一般是指中国大学与外国大学在某一个特定专业合作办学，例如中央民族大学与爱尔兰国立科克大学合作举办的环境科学专业本科教育项目。以上两类的中外合作办学均是中国高校将外国高校的优质教育资源引进来，而境外类的中外合作办学则正好相反，是中国大学走出国门,在中国境外某个国家或地区设立中国大学在当地的分支办学机构或者合作办学项目,例如厦门大学马来西亚分校。

2.1.1 法人设置本科及以上中外合作办学机构

自2002年第一所具有法人资格的高等教育中外合作办学机构——长江商学院创立后,截至2017年2月,我国法人设置高等教育中外合作办学机构数量已达9所,见表1-1。经过十余年的发展,法人设置中外合作办学机构在人才培养、科学研究及社会服务等方面取得了阶段性进展。这些机构通过引进优质国际教育资源,为国家、社会培养出了数目可观的高素质国际化人才,并为全面深化教育领域综合改革做出了有益探索。总体而言,法人设置高等教育中外合作办学机构办学基础较好,办学水平较高,审批也更为严格。

在相关国家政策的积极引导下,法人设置高等教育中外合作办学机构已进入质量提升阶段。通过融汇中外大学先进管理模式,以师资、课程、教学等为突破口,积极创新人才培养方式,为现代大学制度建设提出了大胆尝试。

表1-1　法人资格的中外合作办学机构统计表

序号	机构名称	办学地点	中方院校	外方院校	批设时间
1	长江商学院	北京	汕头大学	李嘉诚(海外)基金会	2002.11
2	上海纽约大学	上海	华东师范大学	美国纽约大学	2012.10
3	西交利物浦大学	苏州	西安交通大学	英国利物浦大学	2006.5
4	昆山杜克大学	昆山	武汉大学	美国杜克大学	2013.9

续表

序号	机构名称	办学地点	中方院校	外方院校	批设时间
5	宁波诺丁汉大学	宁波	浙江万里学院	英国诺丁汉大学	2005.5
6	温州肯恩大学	温州	温州大学	美国肯恩大学	2014.3
7	深圳北理莫斯科大学	深圳	北京理工大学	俄罗斯莫斯科大学	2015.8
8	广东以色列理工学院	汕头	汕头大学	以色列理工学院	2015.4
9	香港中文大学（深圳）	深圳	深圳大学	香港中文大学	2014.3

2.1.2 非法人设置本科及以上中外合作办学机构

作为中方合作高校的下属二级学院，非法人设置本科及以上中外合作办学机构不具有法人资格。此类机构因依托合作双方或多母体办学机构，在引进国际优质教育资源方面相较于法人设置中外合作办学机构和中外合作办学项目有着多重优势，此外，非法人设置中外合作办学机构在体制方面虽然还存在局限性，但是由于其拥有较大办学自主权，依然成为国内外高校进行合作的优选项目。

近年来，非法人设置中外合作办学机构进入快速增长期。根据教育部中外合作办学监管工作信息平台的数据，截至2019年12月，正在运行的非法人设置中外合作本科办学机构有本科层次29所（见表1-2），硕士层次56所（见表1-3），集中分布于东部地区。现有非法人中外合作办学机构的境外合作方多数来自欧美传统教育输出国，如美国、英国、澳大利亚、法国、德国等。这些机构在一系列政策的保障下，有力推进课程建设与师资培养，不断提升质量意识，深入探索国际教育资源引进机制，为我国高等教育改革贡献了有益经验。

表1-2 非法人设置的中外合作办学机构（本科层面）

编号	地区	机构
1	北京	1. 北京航空航天大学中法工程师学院（Beihang Sino-French Engineer School）▲■
2		2. 北京工业大学北京-都柏林国际学院（Beijing-Dublin International College at BJUT）▲
3		3. 中国传媒大学国际传媒教育学院（Faculty of International Media, Communication University of China）▲
4	上海	1. 同济大学中德工程学院（Sino-German College Applied Sciences of Tongji University）▲
5		2. 上海大学中欧工程技术学院（Sino-European School of Technology of Shanghai University）▲
6		3. 上海理工大学中英国际学院（Sino-British College, University of Shanghai for Science and Technology）▲
7		4. 上海交通大学交大密西根联合学院（Shanghai Jiao Tong University SJTU-UM Joint Institute）●
8		5. 上海大学悉尼工商学院（SILC Business School, Shanghai University）●■
9		7. 上海交通大学上海交大-巴黎高科卓越工程师学院（SJTU-Paris Tech Elite Institute of Technology at SJTU）▲■
10		8. 东华大学上海国际时尚创意学院（Shanghai International College of Fashion and Innovation, Donghua University）▲
11		9. 上海理工大学中德国际学院（Sino-German College, University of Shanghai for Science and Technology）▲
12	天津	1. 中国民航大学中欧航空工程师学院（Sino-European Institute of Aviation Engineering, CAUC）▲■
13	重庆	1. 重庆工商大学现代国际设计艺术学院●
14		2. 重庆工商大学国际商学院●
15		3. 西南大学西塔学院（Westa College, Southwest University）▲

续表

编号	地区	机构
16	江苏	1. 江南大学北美学院（North American College, Jiangnan University）●
17		2. 中国人民大学中法学院（Sino-French Institute, Renmin University of China）▲
18		3. 南京理工大学中法工程师学院（Sino-French Engineer School of NUST）▲ ■
19		4. 南京信息工程大学雷丁学院（NUIST Reading Academy）▲
20		5. 江苏师范大学圣彼得堡彼得大帝理工大学联合工程学院（JSNU-SPbPU Institute of Engineering, Jiangsu Normal University）▲ ■
21	江苏	6. 南京工业大学谢菲尔德大学联合学院（Joint Institute of Nanjing Tech University and The University of Sheffield, Nanjing Tech University）▲
22	浙江	1. 浙江科技学院中德工程师学院（Chinese-German Institute of Engineering at Zhejiang University of Science and Technology（ZUST））▲
23		2. 浙江大学爱丁堡大学联合学院（ZJU-UoE Institute, Zhejiang University）▲
24		3. 浙江大学伊利诺伊大学厄巴纳香槟校区联合学院（ZJU-UIUC Institute, Zhejiang University）▲
25		4. 浙江大学城市学院怀卡托大学联合学院(The University of Waikato Joint Institute at Zhejiang University City College) ▲
26	广东	1. 北京师范大学—香港浸会大学联合国际学院 ▲
27		2. 中山大学中法核工程与技术学院（Sino-French Institute of Nuclear Engineering & Technology, Sun Yat-sen University）▲ ■
28		3. 中山大学-卡内基梅隆大学联合工程学院（Sun Yat-sen University-Carnegie Mellon University Joint Institute of Engineering at Sun Yat-sen University）▲
29		4. 暨南大学伯明翰大学联合学院(Jinan University- University of Birmingham Joint Institute at Jinan University) ▲

35

表1-3 非法人设置的中外合作办学机构（硕士层面）

编号	地区	机构
1	北京	1. 北京航空航天大学中法工程师学院（Beihang Sino-French Engineer School）
2		2. 北京工业大学北京-都柏林国际学院（Beijing-Dublin International College at BJUT）
3		3. 中国传媒大学国际传媒教育学院（Faculty of International Media, Communication University of China）
4	上海	1. 同济大学中德工程学院（Sino-German College Applied Sciences of Tongji University）
5		2. 上海大学中欧工程技术学院（Sino-European School of Technology of Shanghai University）
6		3. 上海理工大学中英国际学院（Sino-British College, University of Shanghai for Science and Technology）
7		4. 上海交通大学交大密西根联合学院（Shanghai Jiao Tong University SJTU-UM Joint Institute）
8		5. 上海大学悉尼工商学院（SILC Business School, Shanghai University）
9		6. 上海交通大学上海交大-巴黎高科卓越工程师学院（SJTU-Paris Tech Elite Institute of Technology at SJTU）
10	上海	7. 东华大学上海国际时尚创意学院（Shanghai International College of Fashion and Innovation, Donghua University）
11		8. 上海理工大学中德国际学院（Sino-German College, University of Shanghai for Science and Technology）
12	天津	1. 中国民航大学中欧航空工程师学院（Sino-European Institute of Aviation Engineering, CAUC）
13	重庆	1. 重庆工商大学现代国际设计艺术学院
14		2. 重庆工商大学国际商学院
15		3. 西南大学西塔学院（Westa College, Southwest University）

续表

编号	地区	机构
16	江苏	1. 西交利物浦大学（Xi'an Jiaotong- Liverpool University）
17		2. 江南大学北美学院（North American College, Jiangnan University）
18		3. 中国人民大学中法学院（Sino-French Institute, Renmin University of China）
19		4. 南京理工大学中法工程师学院（Sino-French Engineer School of NUST）
20		5. 南京信息工程大学雷丁学院（NUIST Reading Academy）
21		6. 江苏师范大学圣彼得堡彼得大帝理工大学联合工程学院（JSNU-SPbPU Institute of Engineering, Jiangsu Normal University）
22		7. 南京工业大学谢菲尔德大学联合学院（Joint Institute of Nanjing Tech University and The University of Sheffield, Nanjing Tech University）
23	浙江	1. 浙江科技学院中德工程师学院（Chinese-German Institute of Engineering at Zhejiang University of Science and Technology（ZUST））
24		2. 浙江大学爱丁堡大学联合学院（ZJU- UoE Institute, Zhejiang University）
25		3. 浙江大学伊利诺伊大学厄巴纳香槟校区联合学院（ZJU-UIUC Institute, Zhejiang University）
26	浙江	4. 浙江大学城市学院怀卡托大学联合学院 (The University of Waikato Joint Institute at Zhejiang University City College)
27	广东	1. 北京师范大学—香港浸会大学联合国际学院
28		2. 中山大学中法核工程与技术学院（Sino-French Institute of Nuclear Engineering & Technology, Sun Yat-sen University）
29		3. 中山大学-卡内基梅隆大学联合工程学院（Sun Yat-sen University-Carnegie Mellon University Joint Institute of Engineering at Sun Yat-sen University）
30		4. 暨南大学伯明翰大学联合学院 (Jinan University- University of Birmingham Joint Institute at Jinan University)

续表

编号	地区	机构
31	山东	1. 山东工商学院国际商学院（International Business College of Shandong Technology and Business University）
32		2. 青岛科技大学中德科技学院
33		3. 山东农业大学国际交流学院
34		4. 鲁东大学蔚山船舶与海洋学院（Ulsan Ship and Ocean College at Ludong University）
35		5. 北京交通大学兰卡斯特大学学院（Lancaster University College at Beijing Jiaotong University）
36	四川	1. 四川大学-匹兹堡学院（Sichuan University-Pittsburgh Institute）
37		2. 西南交通大学-利兹学院（SWJTU-Leeds Joint School）
38		3. 电子科技大学格拉斯哥学院（Glasgow College, UESTC）
39		4. 河北大学-中央兰开夏传媒与创意学院（HBU-UCLan School of Media, Communication and Creative Industries）
40	河南	1. 郑州西亚斯学院堪萨斯国际学院（Zhengzhou Sias University Kansas International Institute）
41		2. 河南大学迈阿密学院（Miami college of Henan University）
42	湖北	1. 武汉纺织大学伯明翰时尚创意学院（Birmingham Institute of Fashion and Creative Art, Wuhan Textile University）
43	湖南	1. 中南林业科技大学班戈学院（Bangor College, Central South University of Forestry and Technology）
44		2. 西北工业大学伦敦玛丽女王大学工程学院（Queen Mary University of London Engineering School, Northwestern Polytechnical University）
45		3. 渭南师范学院莫斯科艺术学院（Moscow Institute of Arts, WNU)
46	辽宁	1. 东北大学中荷生物医学与信息工程学院(Sino-Dutch Biomedical and Information Engineering School of Northeastern University)
47		2. 辽宁大学亚澳商学院（Asia-Australia Business College of Liaoning University）

续表

编号	地区	机构
48	辽宁	3. 辽宁大学新华国际商学院
49		4. 辽宁师范大学国际商学院（LNU-MSU College of International Business）
50		5. 沈阳师范大学国际商学院
51		6. 东北财经大学萨里国际学院（Surrey International Institute, Dongbei University of Finance and Economics）
52		7. 大连理工大学-立命馆大学国际信息与软件学院（DUT—RU International School of Information Science & Engineering at DUT）
53		8. 中国医科大学-贝尔法斯特女王大学联合学院（China Medical University-The Queen's University of Belfast Joint College）
54	吉林	1. 吉林大学莱姆顿学院
55		2. 延边大学科学技术学院
56		3. 东北师范大学罗格斯大学纽瓦克学院（Rutgers University Newark Institute At Nenu）

2.1.3 中外合作办学项目

中外合作办学项目是指中国教育机构与外国教育机构以不设立教育机构的方式，在学科、专业、课程等方面合作开展的以中国公民为主要招生对象的教育教学活动。多层次、宽领域的教育交流与合作，对于借鉴国际上先进的教育理念和教育经验，提高我国教育国际化水平，促进教育改革发展等意义深远，也是不断提升我国教育国际地位、影响力及竞争实力的必要手段。

《国家中长期教育改革和发展规划纲要（2010—2020年）》指出："鼓励各级各类学校开展多种形式的国际交流与合作，办好若干所示范性中外合作学校和一批中外合作办学项目，探索多种方式利用国外优质教育资源。"中外合作办学项目作为提升新建本科院校整体水平的有效手段，成为我国高等教育增强国际化水平的重要战略措施。

本科及以上中外合作办学项目数量较大，涉及面广，情况复杂，质量建设难度高。国家教育规划纲要颁布实施以来，通过对新实践的科学研判，我国中外合作办学项目依法办学、依法治教取得了新进展：全面推进质量建设工程；探索高质量国际化人才培养方案；以开放促发展，深化教育领域改革；努力提升学生满意度和社会认可度等。根据教育部中外合作办学监管工作信息平台的数据，截至2020年3月，共有中外合作办学项目930个，其中北京39个，上海70个，天津24个，重庆17个，江苏92个，浙江43个，广东11个，海南3个，福建17个，山东70个，江西18个，四川13个，安徽13个，河北24个，河南89个，湖北55个，湖南24个，陕西10个，山西2个，黑龙江171个，辽宁35个，吉林47个，广西17个，云南10个，贵州4个，甘肃1个，内蒙古10个，新疆1个。详见表1-4。

表1-4 中外合作办学项目地区分布及数量

地区	中外合作办学项目数量（个）
北京	39
上海	70
天津	24
重庆	17
江苏	92
浙江	43
广东	11
海南	3

续表

地区	中外合作办学项目数量（个）
福建	17
山东	70
江西	18
四川	13
安徽	13
河北	24
河南	89
湖北	55
湖南	24
陕西	10
山西	2
黑龙江	171
辽宁	35
吉林	47
广西	17
云南	10
贵州	4
甘肃	1
内蒙古	10
新疆	1
总计	930

2.1.4 境外办学

境外办学是我国中外合作办学的又一重要形式，指的是高等学校独立或者与境外具有法人资格并且为所在国家（地区）政府认可的教育机构及其他社会组织合作，在中华人民共和国境外举办以外国公民为主要招生对象的教育机构，或者采用其他形式开展教育教学活动，实施高等学历教育、学位教育或者非学历高等教育。截至2016年，中国高校在境外注册的正式办学机构已达5个，项目数量近百个，已有35所高校赴境外开展办学活动。中国高校境外办学的兴起和繁荣得益于经济全球化与世界一体化的国际环境，并受中国政治、经济、文化政策的影响，以及高校自身发展的内在需求的推动。

中国高校境外办学起步于20世纪80年代，办学目的主要是作为外国留学生教育的补充形式。1989年原国家教委发布《关于招收自费外国来华留学生的有关规定》，中国高校拥有了更多的办学自主权，开始直接招收自费留学生，国际留学生市场全面打开，调动了中国高校境外办学的积极性。2002年中国教育部首次制定了《高等学校境外办学暂行管理办法》，鼓励有特色、有能力、有条件的高校到国外探索联合办学，并就审批权限和程序、学位授予等做了具体规定。这一时期的中国高等教育开始由扩大规模向提升质量转变，内涵建设得到加强，境外办学竞争力也有所提高。

近十年来，中国高校境外办学实现快速增长，规模逐渐扩大，各高校开始思考境外办学的方式，不断创新境外办学模式，输出专业由"资源导向"转变为"需求导向"，并紧紧围绕中资企业"走出去"、人才本地化和国家"一带一路"倡议展开，努力实现办学的国际化，不断提高办学层次。厦门大学马来西亚分校是第一所中国名校开设的海外分校，由厦门大学全资所有，由中国教育部直属管理。厦大马校是我国境外合作办学的里程碑，在中国高等教育史上具有开创意义，为当地社会培养亟须的优秀人才，如今已成为"一带一路"合作倡议输送高素质国际人才的基地。作为中国第一所境外办学机构，厦大马校的成立过程也体现了中国高等教育面向国外的发展过程。新中国成立后不久，厦门大学在马来西亚设立函授教育，为马来西亚的华人提供远程教育，随后又成立了马来西亚研究所。随着中马外交关系不断深入，厦门大学在马来西亚高教部的邀请下到马来西亚办分校，随后在中马政府的合理推动下，厦大马校于2014年开始建设，2015年正式开始办学活动。目前厦大马校的学生三分之一来自马来西亚，三分之一来自中国，三分之一来自世界其他国家。①

高等学校海外办学是世界经济一体化、全球化的必然结果。积极稳妥地实施高等教育中外合作办学"走出去"发展战略，不仅仅需要"引进来"，把"引进来"和"走出去"更好地结合起来，更是深入贯彻落实科学发展观，拓展高等教育对外开放广度和深度，提高高等教育质量和效益的必然要求。高校境外办学是我国高等教育"走出去"的重要形式，是我国高等教育国际化发展到一定水平后的新生产物。境外办学以"走出去"促"引进来"，对于争取更多话语权，推动教育质量提升，扩大我国高等教育国际影响力具有重要意义。

2.2 中外合作办学的发展现状

2.2.1 法人设置中外合作办学机构

法人设置的中外合作办学类型是中外合作程度最深的一种办学形式，

---

① 詹心丽：《"一带一路"与中国高等教育的对外发展——以厦门大学马来西亚分校建设为例》，载《大学（研究版）》，2018(05)：55-56页。

同时这种办学形式对中外高校的要求也更高，办学难度较大。截至2019年，由教育部审批公布的我国高等教育法人设置中外合作办学机构也只有九所，分别是：长江商学院、上海纽约大学、西交利物浦大学、昆山杜克大学、宁波诺丁汉大学、温州肯恩大学、深圳北理莫斯科大学、广东以色列理工学院、香港中文大学（深圳）。这九所中外合作高校的办学双方在国内外均具有一定的影响力，办学实力也位于我国乃至世界的前列，这也为九所中外合作办学机构提供了一定保障。这九所学校在建设过程中除了中外合作双方的大力推进外，学校所在地的政府及双方国家层面都给予了大力支持。

如今这九所学校都得到了较好发展，办学层次和办学质量也在稳步提升。见表1-5。从办学层次来看，这九所学校的办学层次均在本科以上，除温州肯恩大学外，其他法人设置高等教育中外合作办学机构均已获得硕士或博士教育资质。其中，长江商学院仅有专业硕士教育资质，而上海纽约大学是唯一一所获得非学历高等教育资质的中外合作办学机构。

这九所学校的专业设置以理工类和经管类为主。这九所法人设置高等教育中外合作办学机构中，除长江商学院和昆山杜克大学外，均设有学历本科专业。长江商学院致力于创建全球新一代商学院，以"为中国企业培养一批具有世界水平的企业家"为目标，主要有MBA、金融MBA、EMBA、高层管理教育四个项目。昆山杜克大学于2014年秋首次招生，全部为研究生。这样"特别"的起步源于领导者对于高起点高质量办大学的新探索。先办研究生教育对一所新大学而言，容易纠正可能出现的偏差或问题，也更为严谨。经过三到四年的多个硕士教育项目循环后，再办本科教育。

表1-5 法人设置中外合作办学机构办学层次列表

序号	机构名称	办学层次
1	长江商学院	工商管理硕士专业学位教育；高级管理人员工商管理硕士专业学位教育
2	上海纽约大学	本科学历教育；非学历高等教育；外国硕士学位研究生教育
3	西交利物浦大学	本科学历教育；外国硕士和博士学位研究生教育
4	昆山杜克大学	本科学历教育；硕士学位教育；博士学位教育
5	宁波诺丁汉大学	本科学历教育；外国硕士学位教育；外国博士学位教育
6	温州肯恩大学	本科学历教育
7	深圳北理莫斯科大学	本科学历教育；外国硕士学位教育；外国博士学位教育
8	广东以色列理工学院	本科学历教育；外国硕士学位教育；外国博士学位教育
9	香港中文大学（深圳）	本科学历教育；硕士学位教育；博士学位教育

各具特色的办学层次及专业设置源于各中外合作办学机构在创办之初明确的办学定位与目标。长江商学院致力于"创建全球新一代商学院"，专注于研究生层次的商科教育；昆山杜克大学立足于高质量、国际化的"精英教育"，首次招生全部为硕士研究生；温州肯恩大学致力于"为不同的学生找到不同的发展方向"，主要发展经济与管理、技术与数学、艺术设计、教育与心理、健康与康复科学等本科专业群；上海纽约大学定位为世界一流的研究型大学，积极探索"体制内创新"，专注于金融学、经济学、电子信息工程计算机科学与技术、数字媒体、数学与应用数学以及综合人文等本科、硕士教育；西交利物浦大学、深圳北理莫斯科大学、广东以色列理工学院、香港中文大学（深圳）、宁波诺丁汉大学等覆盖了本硕博整个高等教育层次，以西交利物浦大学为例，该校以"研究导向、独具特色、世界认可的中国大学和中国土地上的国际大学"为愿景，以理、工、管起步，

已经开设了理、工、管、商、文等27个本科专业。各校的主要专业设置见表1-6。

表1-6 法人设置高等教育中外合作办学机构主要专业设置（截至2019年）

机构名称	办学层次	专业设置
长江商学院	硕士	工商管理硕士、高级管理人员工商管理硕士
上海纽约大学	本科	电子信息工程、化学、计算机科学与技术、金融学、经济学、生物科学、数学与应用数学、数字媒体技术、物理学
	硕士	英语为第二语言教育、互动媒体艺术、社会工作
西交利物浦大学	本科	城乡规划、电子科学与技术、工商管理、数学与应用数学、通信工程、土木工程、数字媒体艺术等
	硕士	金融学、多媒体通信、对外英语教育、应用信息学、可持续能源技术、城市规划与设计等
	博士	电气与电子工程、计算机科学与软件工程、商学、城市规划与设计、土木工程、工业设计等
昆山杜克大学	硕士	全球健康、医学物理学、管理学、生物伦理学与科学政策、环境政策、视觉与媒体研究
宁波诺丁汉大学	本科	材料成型及控制工程、财务管理、电气工程及其自动化、工业设计、国际事务与国际关系、化学工程与工艺等
	硕士	应用语言学与世界英语、可持续能源与建筑技术、工程测量和大地测量学、创业与创新管理学等
	博士	教育学、国际传播学、建筑与建筑环境学、计算机科学、电子电气工程、可持续能源与建筑技术、能源技术等
温州肯恩大学	本科	视觉传达设计、计算机科学与技术、市场营销、经济学、金融学、会计学、国际商务等
深圳北理莫斯科大学	本科	国际经济与贸易、俄语课程、数学与应用数学、材料科学与工程
	硕士	理论经济学、应用经济学、外国语言文学、数学、地理学、生物学、材料科学与工程
	博士	理论经济学、应用经济学、外国语言文学、数学、地理学、生物学、材料科学与工程

续表

机构名称	办学层次	专业设置
广东以色列理工学院	本科	化学工程与工艺、生物技术、材料科学与工程
	硕士	化学工程、材料科学与工程、食品科学与工程、环境工程、机械工程、数学、物理学、化学、生物学
	博士	化学工程、材料科学与工程、食品科学与工程、环境工程、机械工程、数学、物理学、化学、生物学
香港中文大学（深圳）	本科	市场营销、国际商务、经济学、金融学、统计学、新能源科学与工程、电子信息工程、计算机科学与技术
	硕士	材料科学与工程、设计与制造工程、工业与系统工程、计算机与信息工程等
	博士	材料科学与工程、设计与制造工程、工业与系统工程、计算机与信息工程等

截至2019年底，根据九所学校的官网数据，上海纽约大学截至2019年初已有在校本科生1300余人，中国学生和国际学生各半；西交利物浦大学截至2016年有在校生9000人；昆山杜克大学根据规划2019年在校生将达到2000人；宁波诺丁汉大学截至2019年开设28个本科专业和12个研究生专业，有教职员工700余人，有约8000名学生，外籍教师约占75%，国际生占比约13%，来自70多个国家和地区；温州肯恩大学2019年学校面向全国17个省市统招第一批次文、理学生800名，现有在校生约2500人，包括国际生、港澳台侨生。学校办学规模规划为2025年全日制在校生达到7000名左右，后期达到8500名左右；香港中文大学（深圳）长远办学规模为国内外学生11000人，其中本科生7500人，硕士及博士研究生3500人。九所学校办学规模对比见图1-1。

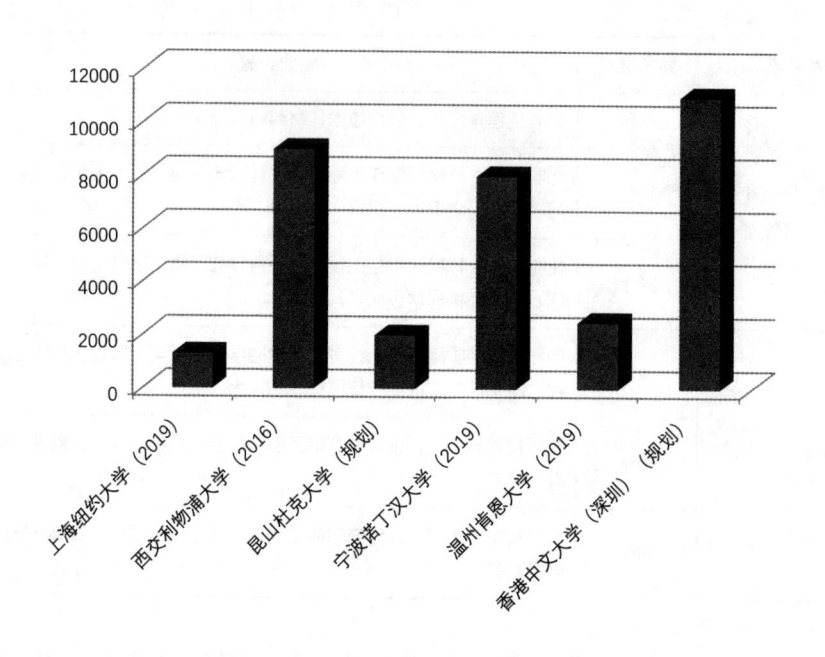

图1-1 法人设置高等教育中外合作办学机构在校生情况

2.2.2 非法人设置中外合作办学机构

根据教育部中外合作办学监管工作信息平台的数据显示，截至2019年12月，教育部批准设立且正在运行的本科教育中外合作办学机构共31所，硕士及以上教育中外合作办学机构63所，我国不同层次合法合规运行的中外合作办学机构共计94所。在本科层次，设立中外合作办学的省、市、自治区共7个，即北京、上海、天津、重庆、江苏、浙江、广东，主要分布在直辖市和南方三个经济较发达且对外贸易频繁的省份。在硕士层面，设立中外合作办学的省市地区则更为广泛，共有14个，增加了山东、四川、河南、湖北、湖南、辽宁和吉林。

自1991年我国第一所非法人设置中外合作办学机构延边大学科学技术

学院成立以来，非法人设置中外合作办学机构经过了缓增期、回落期、增长期三个阶段。在2003年《中外合作办学条例》颁布前，中外合作办学机构由不同的部委或省级教育行政主管部门审批。2000—2003年，非法人设置中外合作办学机构稳步增加，共批设16个；2004—2010年间，审批数量开始回落，其中，2004年未批设非法人中外合作办学机构。2010年，《国家中长期教育改革和发展规划纲要（2010—2020年）》颁布实施，明确指出要"扩大教育开放"，"开展多层次、宽领域的教育交流与合作"，"引进优质教育资源，吸引境外知名学校、教育和科研机构以及企业，合作设立教育教学、实训、研究机构或项目"等，为中外合作办学带来了新生机。自2012年起，非法人设置中外合作办学增长迅速，尤其是2015年之后，审批数量两年间增加了20个。

在我国14个开设中外合作办学机构的省、市、自治区中，上海位居第一，目前有9个非法人设置中外合作办学机构，这9所办学机构均同时具备本科层次和硕士层次的办学内容。上海同时也是较早开办非法人设置中外合作办学机构的地区之一。上海因得益于对外开放的区位优势，早在1991年就出现第一所中外办学机构，由法国文化协会和上海虹口业余大学合办的上海法语培训中心。而随着中外合作办学形式的不断出现，上海市政府也于1993年底至1994年中先后出台了《上海市境外机构和个人在沪合作办学管理办法》《上海市国际合作办学人事管理暂行规定》《上海市国际合作办学收费管理暂行规定》。1997年国务院学位办颁布《关于加强中外合作办学活动中学位授予管理的通知》，上海市教委也根据上海市中外合作办学的实际情况于2002年出台了《关于做好中外合作办学工作的实行意见》，这一系列法规和政策的出台为上海市中外合作办学的发展提供了政策环境，规范和保证了上海中外合作办学活动的运行。[1]

辽宁是我国非法人设置的中外合作办学机构第二多的地区，目前拥有8所正在运行的硕士层面法人设置中外合作办学机构。辽宁作为教育大省，在国际教育的交流与合作上拥有丰富的资源和合作机会，因此在中外合作办学的发展上均有不俗成绩，如早期的东北财经大学与德国安哈尔特应用技术大学（已停止办学），辽宁大学亚澳商学院和中国医科大学-贝尔法斯特女王大学联合学院等，目前仍在运行的非法人设置的中外合作办学机构有8所。虽然早期辽宁省的中外合作办学发展不如周边其他地区，但随着辽宁省对中外合作办学事业的稳步推进，近几年辽宁省的中外合作办学机构和办学项目已位于全国前列。但这不可避免地出现一系列问题，如办学质量不高、师资力量匮乏、专业发展单一等问题，从数据上看，目前辽宁还没有本科层次的中外合作办学机构，这也是辽宁省在发展中外合作办学上的一大问题。[2]

江苏省和广东省因区位优势及城市发展等因素，成为仅次于上海和辽宁的中外合作办学发展的第三梯队，尤其江苏省在中外合作办学领域一直有着不俗的成绩，除了西交利物浦大学、昆山杜克大学等知名的法人设置高等教育中外合作办学机构外，还有2015年前后新申报成功的南京理工大学中法工程师学院、南京工业大学谢菲尔德大学联合学院以及中国人民大学中法学院等6所发展较好的非法人设置高等教育中外合作办学机构。早在

---

[1] 董秀华：《上海中外合作办学现状与未来发展透视》，载《教育发展研究》，2002(09)：48-53页。

[2] 朱红，任丽娟：《辽宁省中外合作办学现状与发展策略论析》，载《辽宁医学院学报（社会科学版）》，2014,12(03)：82-84页。

1986年，江苏南京就与美国约翰·霍普金斯大学合作成立了中美文化研究中心，如今已运行30多年，是中外合作办学发展的典范。整个江苏省设立中外合作办学项目的本科及高职高专院校几乎占到了总数的一半，中外合作办学机构和项目在办学层次涵盖了专科、本科、硕士及博士等不同层次，合作的国家主要以欧美、澳洲地区为主，合作专业分布比较广泛，涵盖众多领域。详见下图1-2。[①]

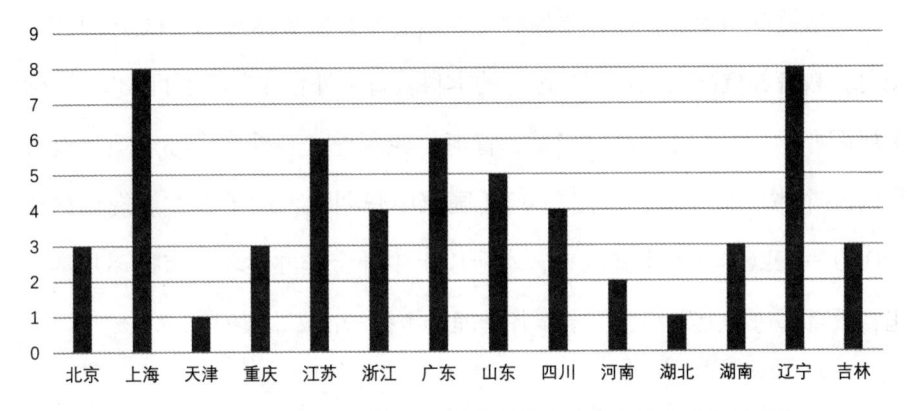

图1-2 各省、直辖市非法人设置高等教育中外合作办学机构分布

从区域分布看，我国非法人设置中外合作办学机构主要集中于华东地区，以上海为核心，江苏其次，浙江紧随其后，三个地区共有的非法人设置的中外合作办学机构共18所。北方主要是以辽宁为主，吉林次之，但从数据上看，作为教育资源比较集中的华北地区，中外合作办学的表现与现实资源不符，也间接说明在教育领域国际化交流与合作的程度还不够，发展空间和潜力巨大。区域分布统计见图1-3。

---

① 范燕，潘磊，张晓如：《江苏省高校中外合作办学现状及对策研究》，载《黑龙江教育（高教研究与评估）》，2013(04)：13-14页。

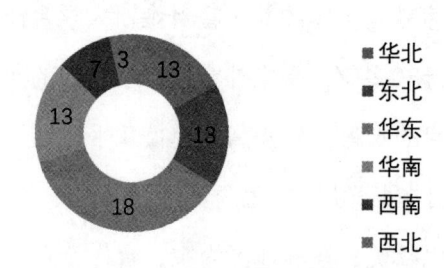

图1-3 非法人设置高等教育中外合作办学机构区域分布

根据教育部中外合作办学监管工作信息平台的数据显示，截至2019年12月，教育部批准设立且正在运行的本科教育中外合作办学项目733个，硕士层面办学项目144个。除宁夏、青海、西藏外，中外合作办学项目遍布我国28个省、直辖市，见图1-4。《国家中长期教育改革和发展规划纲要（2010—2020年）》实施以来，本科以上中外合作办学项目审批逐步常态化，教育部每年上半年、下半年各受理、审批一次。

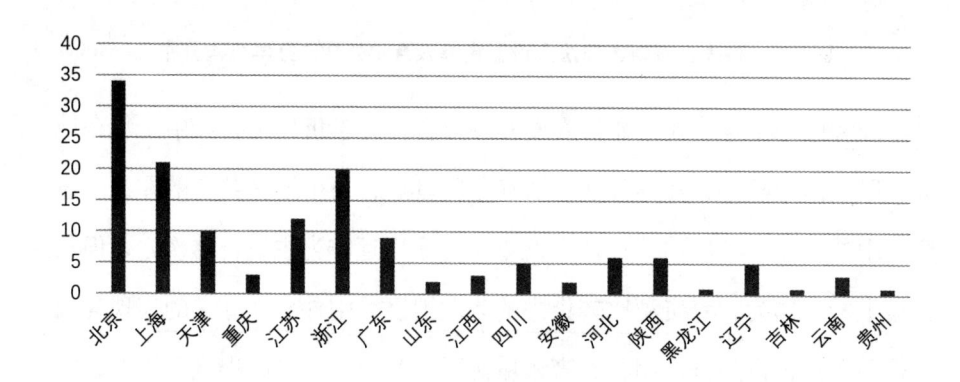

图1-4 中外合作办学项目

从中外合作办学项目的区域分布来看，在本科层面，江苏、河南和山东三省的中外合作办学项目最多，说明作为教育大省，这三个省份在高等教育交流与合作方面也有不错成绩。而在硕士层面，中外合作办学项目最多的三个地区分别是北京、上海和浙江，充分说明硕士层面的中外合作主要集中在经济较发达和中外交流活动较多的地区。相比之下，西南和边疆地区的国际交流与合作的较弱，内蒙古、贵州、海南、山西、甘肃、新疆等省、自治区中外合作资源匮乏，其中甘肃、新疆仅有一个中外合作办学项目。而且从硕士层面的中外合作办学项目分布来看，西部、内陆地区的中外合作项目寥寥无几，说明在教育的高层次发展来看，资源主要集中在东南沿海和一线城市，西部、内陆地区发展过于落后。

本科及以上中外合作办学项目主要涉及工学、管理学、经济学、艺术学、医学、理学、文学、教育学、农学、法学、历史学等11个学科门类。由于之前中外合作办学项目学科专业低水平重复设置的现象比较严重，办学单位盲目扎堆于办学成本低的项目，教育部等部门明确提出严抓中外合作办学质量，对于计算机、经济类、工商管理等专业严格把控，重点支持理工农医等自然学科领域办学项目。国家急需的新兴专业、前沿专业、空白专业和配合国家重大战略需求的专业陆续得到批准，鼓励和支持大气科学、物理治疗学、船舶和海洋工程、文化遗产保护、生态学等项目开展。

2.2.3 境外办学

高校境外办学是高等教育国际化发展到一定水平后的新生事物，是教育对外开放、提升国际化水平的重要途径。根据教育部发布的审批数据，截至2016年，中国高校在境外注册的正式办学机构已达5个，项目数量已近百个，已有35所高校赴境外开展办学活动。中国高校境外办学的兴起和繁荣得益于经济全球化与世界一体化的国际环境，并受中国政治、经济、文化政策的影响，以及高校自身发展内在需求的推动。我国5个境外办学机构分别是老挝苏州大学、厦门大学马来西亚分校、云南财经大学曼谷商学院、北京语言大学东京学院以及北师大—卡迪夫中文学院。近年来，在多方推动下，越来越多的高校相继启动了境外办学项目。如同济大学佛罗伦萨校区、清华大学全球创新学院、浙江大学帝国理工联合学院、北京大学牛津校区等。

中国高校境外办学起步于20世纪80年代，办学目的主要是作为外国留学生教育的补充形式。1989年原国家教委发布《关于招收自费外国来华留学生的有关规定》，中国高校拥有了更多的办学自主权，开始直接招收自费留学生，国际留学生市场全面打开，调动了中国高校境外办学的积极性。2002年中国教育部首次制定了《高等学校境外办学管理办法》，鼓励有特色、有能力、有条件的高校到国外探索联合办学，并就审批权限和程序、学位授予等做了具体规定。这一时期的中国高等教育开始由扩大规模向提升质量转变，内涵建设得到加强，境外办学竞争力也有所提高。近十年来，中国高校境外办学实现快速增长，规模逐渐扩大，各高校开始思考境外办学的方式，不断创新境外办学模式，输出专业由"资源导向"转变为"需求导向"，并紧紧围绕中资企业"走出去"、人才本地化和国家"一带一路"倡议展开，努力实现办学的国际化，不断提高办学层次。

目前，中国高校境外办学活动主要集中在亚洲地区（四所机构）。1999年，中国江苏省与老挝万象市签署《江苏省与万象市友好合作备忘录》，双方合作建设苏州工业园，作为经贸合作的延伸，老挝苏州大学在双方政府的推动下于2011年建成，这是中国在海外创建的第一所高等学府；厦门大学在马来西亚高教部与中国教育部的共同支持下在马来西亚建设分校，并于2016年开始面向马来西亚招生；云南财经大学与泰国私立大学兰实大学合作建立的曼谷商学院是在"一带一路"倡议的背景下促成。

除了东南亚外，北京语言大学东京学院于2015年揭牌并开始招收日本学生。同时，中国高校不断探索在全球各地开展办学活动，努力让中国文化和教育方式"走出去"。2012年中国同济大学与意大利佛罗伦萨市签署《同济大学佛罗伦萨海外校区合作备忘录》，同济大学在两年后启用该校区开办暑期课程、短学期培训等。2013年中国浙江大学与英国帝国理工学院签署合作谅解备忘录，以联合进行学生培养和科学研究为突破口，为未来合作的深入与扩展奠定基础，2015年浙江大学在帝国理工白城校区建设浙江大学-帝国理工学院合作基地。2015年，刘延东为北京师范大学在英国成立的北师大-卡迪夫中文学院揭牌，BNU-CARDIFF中文学院主要招收欧洲学生。这标志着中国高校第一次实质意义上实现了在欧洲实体机构化办学。

2.3 中外合作办学特点

2.3.1 优质教育资源的引进

中外合作办学尤其是境内中外合作办学主要是对国际优质教育资源的引进，在世界范围内积极吸收具有先进水平或者办学特色，并能保持一定领先优势的课程、教材、教学方法、教学理念、教学形式、考评方法、教学管理制度、师资队伍建设和人才培养模式等。而确保优质教育资源引进的关键就在于优秀教师的引进，《中外合作办学条例》明确规定，外籍教师和外籍管理人员应当具备学士以上学位和相应的职业证书，并具有2年以上教育教学经验。

为了不断提升师资队伍建设水平，我国中外合作办学机构和办学项目采取了一系列措施保证国际师资队伍的建设。完善外聘教师管理制度是保证师资力量的第一项措施，规范外聘教师的行为建立健全严格的规章制度，明确外聘教师的职责、义务和权利，规范外聘教师的行为等具体措施都为中外合作办学的师资队伍质量提供了保证。与专职教师相比，很多外聘教师都不属于长期雇用关系，因而所受的制约较小，也缺乏一定的维系关系，也很容易受到工资利益的诱惑，工作变动较大，从而导致外籍教师的流动性较大。因此很多中外合作办学机构或项目都会对外聘教师的工作目标要求以及工资、讲课酬金、福利待遇等进行具体的说明，并从制度上对外聘教师的行为加以规范，提高他们对所担任工作的责任心。

同时他们通常也会加强教师培训，提高教师的业务水平和能力。中外合作办学单位的教师培训一般分为两种途径：一是国外进修培训，通过增加教师赴海外进行学术访问和进修的数量，培养出一批具有海外学习和科研经历、在国际学术界具有影响力的专家教师；二是国内短期培训，利用寒暑假时间，邀请国内外知名学者、专家开办讲座或举办各类教学研讨班，不断提高教师的业务水平和执教能力。进行教学考评、加强过程和结果监控通常是确保外籍教师教学质量的最后一道防线。教学考评旨在调动教师的工作积极性，保证教学质量，促进教学管理，是对教师检查教学效果的重要手段。一些中外合作办学单位结合自身实际，建立了一套相对完整的教学考评体系，随时对教师的教学进行检查和指导，从而确保教学计划的认真落实和每个教学环节的执行到位。

以西安交通大学与香港理工大学合作的通理项目为例，项目秉行严格聘任制度，并根据具体情况分别从合作双方选派不同比例的教师。如MBA项目80%的教师来自香港理工大学，酒店及餐饮管理文学士项目60%的教师来自香港理工大学，而信息管理硕士项目的教师中来自西安交通大学和香港理工大学的各占一半。教师的聘任由课程主任、副主任等组成的评聘小组负责选聘。在通理项目的师资队伍中，80%以上的教师都具有高级职称，90%左右的教师具有博士学位，80%以上的教师具有国际化的工作经历。

除师资队伍国际化外，项目合作双方选派的师资的双师型特色也非常明显。例如，来自香港理工大学的担任通理项目MBA课程的师资，大多在国内外知名企业服务过或担任过兼职，有的教师还在国内上市公司担任独立董事；信息管理专业任课教师中有许多兼任企业的技术管理顾问，可以从实际运用的角度讲授课程；酒店及餐饮管理专业的授课教师则分别来自16个国家，都有多年的业内服务经验。来自西安交通大学的师资，绝大多数具有丰富的教学经验，多数是相关专业的学术骨干，科研成果显著，具有扎实的专业基础和丰富的实践经验。在教师培训方面，项目为教师提供了丰富的进修与交流机会，努力搭建优质及多元化平台，倡导教师"走出去"，促进学术互通有无。

而温州肯恩大学在师资队伍建设方面充分吸纳了美国高校先进的建设理念和管理模式，建立了严格的教师聘任制度，按照世界级大学的标准吸引和选聘全球优秀人才。首批教师中包括11位语言教师和2位计算机教师，这些教师均曾在美国、澳大利亚、新加坡等世界各地高校从事过学术或教学活动，大部分毕业于美国芝加哥大学、加州大学和英国剑桥大学等世界知名高校。该校建立了科学合理的教师和科研评价体系，用于支持教师职业发展，提升师资职业素养，并建立以人为本的人力资源管理制度，为学校的国际化办学提供有力的人才支撑。

2.3.2 外方主导的管理机制

很多中外合作办学机构和办学项目因融资和创新建设等原因在管理体制机制上呈现多样化和自主化的特点。秉承"开放与合作"的办学理念，这些办学机构在教育理念、教学内容、教育模式和管理体制上都采用了中西结合的理念。为了保证中外合作办学培养的人才适应国际人才市场的需求，在管理上也都采用国际惯例规范，用国际化的管理理念培养具有国际竞争力的人才。但在实际操作过程中，很多中外合作办学机构尤其是法人设置的中外合作办学机构都采用由外方主导的管理机制。非独立设置的中外合作办学机构是依托于国内一所大学、无独立法人资格的中外合作办学机构，它既接受中外合作办学联合管理理事会（委员会）的领导，具有一定的独立性，又同时受所依托母校的二级管理，因此，其管理体制既具有很大的灵活性，又具有一定的约束性。在资源配置上为节约成本，它必须与所依托母校的其他二级学院资源共享，同时也必须具有一定数量自身所属的独立性资源。

以昆山杜克大学为例，该校由杜克大学、昆山市政府、武汉大学合作举办，是美国著名顶尖高等学府杜克大学在中国江苏省昆山市举办的具有独立法人地位的一流研究型综合大学，主攻精英教育和前瞻科研。从昆山杜克大学成立过程看，该项目由美国杜克大学主导。2010年，美国杜克大学与昆山市政府签订合作协议，同年9月，一期校园建设启动。次年，与武汉大学签署合作原则声明，进一步推进项目进程。昆山市政府斥巨资为该校的顺利启动提供了优越的物质条件。从管理制度看，昆山杜克大学采取该校使用的理事会领导下的校长负责制,这也是现代大学较为通行的管理模式。最高权力机构是理事会,理事会拥有对昆山杜克大学进行有效治理并制定政策的权力,主要职责包括:践行昆山杜克大学的使命并提供战略指导;监督昆山杜克大学的财务资源和其他资产;遴选校长和常务副校长并对其业绩进行定期评估;批准学校的政策和流程等。

该校以引领高等教育的未来为目标,学术项目面向社会的未来需求,以通识博雅教育传统为基础,注重解决问题的能力,凝聚了中美两国高等教育传统。除了类似于昆山杜克大学直接引入其本校的管理模式之外,在众多中外合作办学项目与机构中,也不乏特色管理案例,比如长江商学院在创办之初即提出教授治校,是国内第一所也是唯一一所实行教授治校而非行政治校体制的商学院。这也是主要由合作的外方推动实现的。在"教授治校"的体制下,长江商学院的重大决策均由核心教授组成的委员会来决定,其中包括所有学术活动、重要的人事和项目等重大决策。这种制度不仅确保了教授们有灵活施展其学识才华的宽松平台,还可以充分发挥教授的管理才干。

2.3.2 多样化的合作模式

中外合作办学模式一般分为融合型、嫁接型和松散型三种。融合型模式是将中外合作院校的课程体系和教学模式有机地融合在一起。在这种模式中,中外双方根据实际教学情况共同制定切实可行的教学计划、大纲等,教学实行外方派相关专业教师来中方授课和接受外方系统培训的中方教师双语授课相结合。

嫁接型模式的中外合作双方院校保留各自的教学模式,通过双方对各自开设课程的评估，互认学分及对方院校颁发毕业证书和学位证书。通常所说的2+2、3+1或3+2等模式便属于此类。

松散型模式是指通过聘请国外教师来中国讲学，或者中国教师去国外进修，学习借鉴国外先进的教学管理经验，或者学生去国外短期学习、实习等手段，实现中外教育的接轨。我国的中外合作办学机构或办学项目在办学模式的选择上存在多样性，根据不同的办学情况，选择不同的办学模式。

融合型办学通过引进对方教学计划、教学方法等手段进一步推动国内教学改革。这种模式中方的主控地位较为突出，有利于中方较为全面地了解和学习外方管理方法与教育理念，对外籍教师比例及教学设施等要求较高，可提供较为优越的教学条件。上海大学与悉尼科技大学合作举办的上海悉尼工商学院，吉林大学与加拿大莱姆顿学院、美国诺斯伍德大学等合作举办的吉林大学莱姆顿学院，都是较成功的融合型合作办学模式。

与融合型模式相比，嫁接型模式主要是充分保留中外教学模式，通过双方各自对对方开设课程的评估，互认对方学校的学分，学生获得双方学校规定的学分，即可获得双方学校颁发的毕业证书和学士学位证书。以"双校园"模式为例，自1999年4月，北京工业大学中加学院与英国朴茨茅斯大学签署了学分互认协议，从而开始国内第一个"双校园"国际合作学士学位项目。"双校园"发展到今天，已成为中外合作办学最为重要的形式之一。例如中国传媒大学与美国纽约理工学院艺术专业"3+1"项目，专业学制四年，学生将进行中国传媒大学和纽约理工学院双学籍注册，学习期间有外籍专业教师进行全程指导和留学培养。学生第一至三学年在中国传媒大学进行课程学习，以中英文方式授课。学生可在假期选择赴日本、韩国、欧洲、大洋洲、中国国际传媒影视基地或中国国际文化产业基地等进行短期国际项目调研，参与业界国际实训，促进课堂教学与实际应用。第四学年，学生可选择赴纽约理工学院进行学习，以纽约理工学院的核心实践教学模块及毕业创作为主。

2.3.4　多样化的办学层次

中外合作办学的办学层次也呈现多样性，从类型上来看，有学历与非学历教育、全日制与非全日制培养、单文凭与双文凭发放、计划内招生与计划外招生等。从具体区别上来说，学历教育对办学条件、教学安排、课程设置、生源质量等有较多的规范性要求；非学历教育则以技能和证书培训为主，合作形式灵活多样，紧扣市场和就业技能要求。全日制教育具有正规、传统等特点；非全日制是一种值得关注的具有创新特点的合作，通常被MBA合作项目采用，是主要针对在职人员集中授课、分散考核的办学模式。单文凭教育是指学生完成学业后，只获得中方院校或者外方院校的文凭；双文凭教育项目属于中外合作办学项目中较为正规的一种，学生必须具备一定条件方可获取。计划内招生多见于公立院校，生源质量相对有保证；计划外招生的考生往往在高考分数线下降分录取，不受国家计划约束，这类学生通常以非学历教育居多，合作机构可以安排学生完成学业后获得国外合作院校的文凭以弥补学历上的不足。

以中外合作办学机构为例，无论是独立法人设置还是非独立法人设置，大部分都属于教育部批准设立的本科及以上学历教育的办学机构。但也存在一些由地方审批报教育部备案的中外合作办学机构和项目属于非学历教育，这些中外合作办学机构和项目系经地方依法批准设立和举办，并报教育部备案的实施，不仅包括高等专科教育的中外合作办学机构和项目，还包括非学历高等教育、中等学历教育、外国文凭教育和自学考试助学、文化补习、学前教育等的中外合作办学机构和项目。这也给广大学生在选择中外合作办学机构和项目时带来了困惑，如何判断中外合作办学属于学历教育还是非学历教育成为一个难题。从原则上来说，能够试试完整学历、学位课程教育，且颁发中方或外方合作方所在国国家认可的文凭颁发权利的学校及其他教育机构所颁发的学历、学位证书的教育均为学历教育。

比如上海中医药大学与英国伦敦城市大学自2006年起，在中英合作药学专业计划内招生的基础上开办了计划外自主招生项目，学制三年，属于非学历教育，课程设置遵照计划内前三年的教学计划。学生完成在上海中医药大学的三年学习后，全部成绩合格且雅思分数达到要求，赴英国学习一年，获伦敦城市大学理学学士学位。相比计划内招生，项目生源对成绩要求较低，面向年满18周岁的应届高中毕业生或同等学力者，要求高考英语成绩不低于90分（满分为150分），并有一定的化学基础。前三年国内学费每年2.2万，第四年国外学费10万，生活费10万。

除了学历教育与非学历教育、计划内招生和计划外招生的区别外，全日制与非全日制培养并行也是中外合作办学的又一大特点。尤其在硕士教育方面，很多中外合作办学机构在提供全日制培养的同时也都提供非全日制培养。以西交利物浦大学为例，学校开设研究性硕士学位点5个，全日制授课型硕士学位点27个、非全日制授课型硕士学位点8个。在宁波诺丁汉大学的最新招生计划中，在研究生培养方面不仅拥有全日制的授课型硕士培养计划，也拥有非全日制研究性硕博培养计划。授课型硕士提供全日制学制一年/在职（二至四年）硕士研究生项目，在职项目只针对部分课程开放

（在职项目仅针对中国大陆以及港澳台学生开放）；博士培养方面，全日制博士研究生的学制一般为3~4年，在职博士研究生的学制一般为6~8年。

中外合作办学中的文凭颁发方面也有所不同。有的办学项目被纳入中国的学历教育，学生必须通过国内统招考试、填报志愿、全日制培养等方式才能在毕业后分别获得中外双方颁发的文凭，如清华大学与澳大利亚国立大学合作举办的管理硕士学位教育项目等。而有的中外合作办学项目无须通过国内的统招考试，无须填报志愿，只需通过学校自己举办的入学考试，或通过申请的方式获得入学资格，在中国修得相应学分后，通过语言考试后再被合作学校录取，毕业后只能获得中方学校的文凭，外方只发放学位证书，或者相应的资历认证文凭等。

如北京航空航天大学的中法工程师学院、中国民航大学的中欧航空工程师学院，学院招收的学生本硕连读，所以毕业生在毕业后会获得国内院校的本科毕业证书、学士证书，硕士毕业证书、学位证书，颁发法国国家工程师学衔委员会认证的法国工程师文凭，并同时被认证为欧洲科学与工程硕士。虽然外方发的不是学士学位证书，但也是一个在国际上认可度相当高的证书。甚至有些中外合作办学项目只给毕业生发放中方文凭，既没有外方直接的学士学位证书，也没有外方的认证文凭。如上海理工大学与美国中央密西根大学合作举办信息管理与信息系统专业本科教育项目，西南大学的西塔学院、哈尔滨工程大学的相关中外合作项目，无论是否有在外方学习的经历，均无法获得外方相关的文凭。当然也有一些中外合作办学项目毕业生只能获得国外学位证书，无法拿到国内的学历证书，如中国农业大学的一些计划外招生的中外合作办学项目，毕业后学生拿到的是外方的学士学位证书。

2.3.5 多元化的课堂教学

中外合作办学因其办学性质的特殊性，在授课方式上更加多元化，在保证基本教学任务的同时，兼顾国际通用的多样化授课方式，保证学生在不同的学习环境和学习文化中均能接受优质的教育。在课堂教学的形式方面，很多中外合作办学采取小班双语授课的方式，实施以学生为中心的教育理念，同时还引入演讲课堂教学、讨论课堂教学、展示课堂教学、谈判课堂教学、游戏课堂教学等教学方式，增加学生与教师的互动，同时促进两者的相互了解，促进教学有效实施。

如西安交通大学与香港理工大学合作的通理项目，在授课方式上主要采用小组讨论、案例教学等多样化的教学方式，强调师生互动。在其MBA项目的教学中，常常采用角色扮演等方式培养学生的创新能力和职场竞争力。角色扮演采用小组、团队合作形式，每个小组由4~5名学生组成，按照工商管理的实际情景，由学生扮演不同的角色，每个学生除要提交书面报告外，还必须以情景模拟的方式在课堂上汇报、交流，由教师和同学根据表现给予评分，并计入学生的平时考核成绩。

双语授课也成为中外合作办学多元化的教学形式的最佳选择，因中外合作办学的师资往往来自中外双方，学生也都来自世界各地，因此双语授课成为教学的基本保证。与此同时，培养国际化的专业人是中外合作办学的基本目标，这也使得双语授课成为必不可少的环节。中外合作办学的项目针对学生和项目情况进行不同比例的双语授课，硕士、博士的研究生课程常采用全英文授课，而本科生及以下学历的项目教育则采用由双语教育逐步过渡到全英文授课。双语授课特别是专业课程采用英文授课可以使学生及早适应国外教学环境。

国外合作方每学年选派优秀教师到国内授课，一般外方教师占所有师资的10%~20%，以集中授课的形式负责讲授专业核心课程、专业基础课、选修课，教授课时占总课时的50%。我国合作方也会采用选派教师出国培训、与外方教师联合授课等多元化的培训方式，培养出一批合作办学项目的双语师资，逐步实现国外优质资源的本土化。在测试手段上，除传统的闭卷考试测试，中外合作办学会增加presentation、coursework、essay等形式，培养学生的动手、独立思考能力和团队协作意识。成绩考核方式实行课程学分制，每个学员学习期间必须修满规定学分，成绩合格，通过毕业论文答辩者方可取得相应学位证书。

在课堂教学的内容方面，外语教学内容所占比例较高。因很多中外合作办学学生需赴国外大学进一步接受专业课学习，办学项目或者机构都非常重视学生外语的学习，通常会要求学生在国内学习阶段就达到出国所需的外语成绩。外语的种类根据国外合作学校的国别进行具体要求。如同济大学中德学院要求学生达到一定的德文水平，但是大部分项目或是教育机构还是要求学生的英文水平。例如吉林大学莱姆顿学院的本科生项目，在第一年全年开设英语强化及基础课程，雅思或托福学习贯穿整个学习过程。基础英语课包括EFL课和大学英语课，共计14门，主要涵盖商务英语、英语文学、商业报告、交往与人际关系、英语写作、高级技术交往英语、学位英语等。学院规定外籍教师授课比例需达到60%，采用国外英文教材，教学语言从双语教学逐步过渡到全英语教学。

2.3.6 教学管理的国际化

高校中外合作办学教学管理是其管理工作的中心环节，它包括对教学过程的规划、调控与反馈，是保障教学质量的关键环节。中外合作办学通过与外方合作，借鉴国外先进的教学管理经验，引进先进的教学管理制度，建设国际化的教学管理团队。教学管理的基本任务是研究教学及其管理体制规律，改进教学管理工作，提高教学管理水平，建立稳定的教学秩序，保证教学工作正常运行，研究并组织实施教学改革，努力调动教师教学和学生学习的积极性。

有效的教学管理系统是中外合作办学教学质量的有力保证。在实践操作中，需突出教学管理在中外合作办学中的核心作用，使得教学管理能够在全面考虑所引进的专业、课程、师资以及本校师资、实训、生源质量等特点的基础上，有效安排、整合、具体落实教学目标、教学内容、教学课时和教材等，以保证学生培养质量。目前我国各中外办学机构或项目较为接受的先进教学管理手段为信息化平台的"纵深"管理。

各院校积极推行教学运行的信息化管理，是中外合作办学在教学管理方面的创新性尝试。通过构建起一套涉及教学运行与管理的电子化信息库，涵盖教学计划、课程信息、教学资源等教学信息，实现传统教学信息的电子化转化。此外，加强教务管理系统建设，建立执行计划管理、教学任务书管理、调课管理、教室管理、排课和选课管理等管理子系统，其中也包括教务部门的网站建设。提高工作人员的计算机软件设计开发能力，并熟悉教学管理工作的每个环节，掌握教学管理规律。

以湖南农业大学与英国格林威治大学举办的中外合作办学项目为例，英方的教学管理手段形式上松散，且效率较低，但其信息化程度高，教学沟通渠道畅通；而中方教学管理形式严谨，办事高效，但管理手段过于制度化和程序化，信息化程度不高。为实现中英双方教学管理上的同步和手段上的创新，湖南农业大学国际学院大胆吸收英方的管理经验，建立了形式多样的师生沟通平台，且通过中英双方互派教师的方式打通合作双方教学管理的沟通和互动，在人才培养、师资建设和科学研究等方面相互监督，相互促进，极大提高了管理效力。

2.3.7 双轨道的保障体系

我国的中外合作办学发展至今已有近半个世纪，随着合作的不断深入和丰富，各方面的保障也逐渐完备，这种完备性不仅体现在中外双方对教学质量和人才培养上的双倍把关，还体现在我国政府和社会环境对合作办学规范的把关，从内外两个层面完备我国中外合作办学的保障体系，内部由中外合作办学的中外主体单位直接承担办学和培养过程，外部由政府、行业以及企业搭建监督与管理的机制。

从外部来看，随着我国中外合作办学的不断发展，中国政府及教育相关部门先后出台了《中外合作办学暂行规定》、《中华人民共和国中外合作办学条例实施办法》《教育部关于当前中外合作办学若干问题的意见》（教外综〔2006〕5号）、《教育部关于进一步规范中外合作办学秩序的通知》（教外综〔2007〕14号）等文件规范中外合作办学行为。

政府部门严把审批关，在源头注重加强优质教育资源引进：一方面提高外方合作教育机构的市场准入门槛；另一方面加紧制定具体的优惠措施，以吸引外国优质教育资源进入中国市场。加强学科专业的规划与引导，结合国家和地方经济和社会发展，加强中外合作办学的区域布局的科学引导，对中外合作办学项目进行有效的管理和指导，出台突出中外合作办学优势的专业目录等纲目性文件，明确国家鼓励、允许、限制和禁止的学科和专业。同时地方政府也根据自身的办学实际出台了地方相关政策法律法规，如上海就根据其中外合作办学的发展情况在自主探索和国家法规条例的指导下不断完善和规范上海的中外合作办学活动，先后出台了《上海市境外机构和个人在沪合作办学管理办法》《上海市国际合作办学人事管理暂行规定》《上海市国际合作办学收费管理暂行规定》等。

2009年，教育部发布《教育部办公厅关于开展中外办学评估工作的通知》，对依法批准设立和举办的实施本科以上高等学历教育的中外合作办学机构和项目，以及实施境外学士学位以上教育的中外合作办学机构和项目的合格性进行评估。评估目的是督促中外合作办学坚持引进优质教育资源的法规原则和政策导向，增强我国教育机构吸收、利用优质教育资源和创新能力，维护学生及其他相关主体的合法权益，推动形成办学者自律、社会监督、政府监管相结合的中外合作办学管理机制，逐步建立具有较广泛社会公信力的中外合作办学质量标准和保障体系。之后由教育部国际合作与交流司统一组织，由教育部学位与研究生教育发展中心具体实施，每年进行一次中外合作办学评估，并将评估结果在中国学位与研究生教育信息网上予以公示。

与此同时，我国中外合作办学还借鉴西方发达国家成熟经验，大力倡导扶持建立行业协会，发挥行业自律机制来规范中外合作办学行为。如在政策咨询、质量评估、教学指导、教育改革等方面形成行业内的标准和共识，保持经常性的交流、检查和监督。

目前，我国中外合作办学主要以法律法规为手段进行规范，日后则将逐步从构建法律条例、框架来规范办学活动过渡到通过评估、认证的方式将其纳入我国高等教育质量保障框架范围中，使其制度化。以内蒙古农业大学中外合作办学为例，其外部质量保障机制日趋完善。例如，该校所申报的科技部与加拿大魁北克省科技合作项目严格根据财政部、科技部相关文件要求进行管理，并且取得成效，在燕麦、马铃薯、草原管理方面与加拿大农业部有关研究中心的合作密切，并且研究成果已经争取到了国内有关部委的支持，中国科技部已经决定将内蒙古农业大学设为科技部"国际合作基地"。

从内部来看，我国中外合作办学的保障机制主要从确保招生与生源质量、加强学校整体水平的建设以及开展多方面教与学成果评优活动，健全反馈系统等方面入手，逐步提升内部质量保障水平。中外合作办学主体加大了教育教学改革力度主要体现为：一是优化中外合作办学人才培养方案，中外双方在充分考虑合理性的基础上共同制定人才培养方案，并且体现出实用、发展、创新和国际化等特征；二是根据人才培养方案和培养目标的要求，科学合理设置课程。建立一套符合教育教学规律、能真正融合中外双方特色、彰显中外合作办学特点的课程体系；三是加强教材建设，注重国际化与实用性相结合，将原版教材的先进理念融入于"本土化"的教学实际。根据教学实际情况、学生反馈意见以及合作院校的要求等，组织一批国内外专家和具有一定教学经验的中外方教师共同编写教材，既能保证合作办学的教学质量，又有益于人才的培养质量。

充分发挥教学质量监控队伍的监督作用是教学质量提高的重要保障。高校通过行政管理部门完成教学质量的监控，或是设立教学质量监控部门，形成一支由有经验的教师、教学督导员、教学管理人员等组成的专业化的监控队伍完成监督，以更好地发挥质量监控在教学质量提升中的作用。确保生源质量是中外合作办学质量提高的第一道关口。报考数量的增加是招生质量提高的原动力，高校要充分将中外合作办学的教育优势和特点展示出来，以吸引更多优秀的学生报考。要严格制定录取标准，结合中外合作办学专业学科特点，吸引和录取素质高、基础较好的生源，切不可贪图眼前的经济利益降低生源录取标准以扩充合作办学规模，需树立长远发展的战略，创立合作办学的品牌。

推行以学生为本的教育管理理念，发挥学生的主体地位，保障学生在中外合作办学中的权益，为学生的学习、生活、成长、就业等方面提供人性化的咨询服务。充分发挥学生对教学质量的监督作用：一是定期召开学生座谈会，广泛听取学生对教师的意见，使有关单位和部门能充分地掌握任课教师的教学态度、教学内容以及教学效果等信息；二是建立学生评教制度，定期组织学生填写测评表，对中外双方教师的授课态度、授课质量等方面进行评价，教学管理部门和学生管理部门核实后，将评价结果及时反馈给教师本人，以便教师及时进行整改，不断提高教学水平。

还以内蒙古大学的中外合作办学为例，在生源把控方面，该校结合合作办学的学科专业，优先选择某些单科成绩突出的考生，或提高对考生外语基础的要求等，尽量吸引和录取素质高、基础较好的生源。学校会引进一系列海外带薪实习项目，让学生在发达国家的农业实践工作中提高技能，以适应新的学习和就业形势，提高学校本科学生的实践能力以及外语水平。在师资建设方面，该校大力注重学术交流，邀请了美国、加拿大、英国等国家的著名高校校长、院长和科学家来校访问，开展学术合作，聘请多名外国专家担任特聘教授和学校顾问，以改善合作办学中教与学的双重任务。在教学评估反馈方面，该校采取一系列措施保证中外合作办学的质量，比如成立帮学领导小组，深入调查，了解后进生学习落后的原因；制定帮学措施，建立帮学对象档案；实施帮学对象跟踪教育制度；实施家长联系制度与任课教师联系制度等。

3 中外合作办学过程中存在的问题

目前，我国除了北京、天津、上海和重庆四个直辖市，已经有24个省、自治区均开展了中外合作办学，其中有10个省、自治区拥有中外合作办学机构。各省、自治区中外合作办学的发展程度各不相同，在各自发展的过程中均存在问题与缺陷。通过对这24个省、自治区及4个直辖市的中外合作办学现状进行分析，可以将我国中外合作办学发展过程中存在的问题归纳为以下几个方面。

3.1 合作的国家区域分布不合理，合作范围较窄

中外合作办学发展至今虽然已经有近半个世纪，但从合作国家的数量和范围看，我国在高等教育领域的国际合作与交流的程度仍然很低，这主要体现在以下方面。

与我国进行办学合作的国家区域分布不合理，且对于各个省份来说，进行合作的国家都过于集中，并没有实现全球范围内的国际交流与合作。从各省的中外合作办学现状来看，合作的国家主要集中在俄罗斯、美国、澳大利亚及欧洲的英、法、德几个国家，虽然这与西方发达国家的教育发展水平有关，但不可否认在亚洲、中东及欧洲的其他国家也不乏教育质量

高、在某些学科领域发展超前的国家，如在科技专业、经济贸易专业以及教育文化专业比较优秀的韩国和日本，在科学与工程相关专业排名在全世界前100名的以色列，另外中东地区的波兰、爱沙尼亚和捷克等国的很多高校也排在全世界前100名，但我国与这些国家的合作办学项目非常少甚至空白，这在一定程度上说明我国的教育交流与合作还没有实现真正的全球化。

我国进行合作办学国家的区域分布不合理，除了体现在合作国家过于集中且范围较窄外，还体现在各省在选择合作国家时在区域位置上的不合理。如位于我国北方的黑龙江、吉林和辽宁三省的合作对象主要为俄罗斯，和同样地理距离较近的韩国、日本的办学合作却较少。东北三省因地理位置的原因，在了解韩、日文化和语言的学生数量和学科基础上与其他省份相比是具有优势的，但在合作办学上却没有发挥优势，而是和其他省份一样选择了美国和欧洲一些国家进行合作办学。

辽宁省2016年的数据显示在与辽宁省进行合作的25所国外学校中，北美有8所，欧洲有10所，澳大利亚有5所，而韩日只有2所。黑龙江省截至2019年与外方合作的高校的区域分布为欧洲占77.63%，北美占13.16%，澳大利亚占6.58%，亚洲只有2.63%。吉林省中外合作办学外方主体国家的分布可见下表1-7，亚洲虽然不再是合作最少的地区，但从数量上来看，与美国和俄罗斯相比也有一定距离。而值得注意的是，吉林省与亚洲国家进行合作办学的9个项目全部来自韩国。

表1-7 吉林省中外合作办学外方主体国家分布

合作国家	项目数量	所占比例
美国	19	35.84%
俄罗斯	12	22.64%

续表

合作国家	项目数量	所占比例
亚洲	9	16.98%
欧洲	8	15.07%
澳大利亚	5	9.43%

数据来源于中华人民共和国教育部中外合作办学监管工作信息平台（2017年数据）

此外，在目前阶段，与我国进行合作办学的外方国际区域分布的不合理还体现在与"一带一路"沿线国家的合作较少。教育领域的交流与合作是我国推进"一带一路"国家协同发展的重要组成部分，同时国家进行"一带一路"建设也需要大量熟悉"一带一路"沿线国家社会、经济、文化的高素质人才，这对我国高等教育人才培养提出了新要求和新目标，而与"一带一路"沿线国家进行合作办学则是达成这一目标、满足实际发展需要的必要手段之一，因此大力开展与"一带一路"沿线国家的合作办学应该是当下中外合作办学发展的主要潮流之一，尤其是广西、云南、陕西等与"一带一路"沿线国家联系紧密的省份、自治区，但从这些省份、自治区的中外合作办学现状来看，现实情况却不是理想状态。

广西壮族自治区于2016年与教育部签署了《开展"一带一路"教育行动国际合作备忘录》，但经过了四年时间，从目前的数据来看，无论是教育部批准设立还是地方批准设立广西壮族自治区与"一带一路"沿线国家的中外合作办学项目和办学机构数量都极少。

云南省和陕西省也不例外，尽管中外合作办学的发展已初具规模，合作程度也较高，但没有一所合作机构或合作项目来自"一带一路"沿线国家或地区，并没有发挥两省自这方面的区位优势，也没有在教育交流与合作方面对接好、服务好"桥头堡"战略和"一带一路"倡议的实施。[①]

表1-8 广西壮族自治区的合作办学情况

教育部批准设立的广西壮族自治区中外合作办学项目
1. 广西民族大学与英国斯泰福厦大学合作举办会计学专业本科教育项目
2. 广西财经学院与澳大利亚精英高等教育学院合作举办会计学专业本科教育项目
3. 桂林理工大学与英国伯明翰城市大学合作举办市场营销专业本科教育项目
4. 广西师范大学与英国格林多大学合作举办学前教育专业本科教育项目
5. 广西医科大学与美国西俄勒冈大学合作举办公共事业管理专业本科教育项目
6. 广西艺术学院与美国西俄勒冈大学合作举办音乐学专业本科教育项目
7. 广西科技大学与澳大利亚南十字星大学合作举办软件工程专业本科教育项目
8. 广西大学与美国中密歇根大学合作举办电气工程及其自动化专业本科教育项目
9. 南宁师范大学与英国卡迪夫城市大学合作举办旅游管理专业本科教育项目
10. 广西中医药大学与美国督优维尔学院合作举办护理学专业本科教育项目
11. 广西科技大学与英国爱丁堡龙比亚大学合作举办机械工程专业本科教育项目
12. 北部湾大学与波兰华沙理工大学合作举办电子信息工程专业本科教育项目
13. 广西财经学院与美国温斯洛普大学合作举办国际商务专业本科教育项目
14. 桂林旅游学院与瑞士洛桑酒店管理学院合作举办酒店管理专业本科教育项目
15. 广西大学与美国东密歇根大学合作举办信息安全专业本科教育项目
16. 广西师范大学与韩国韩瑞大学合作举办视觉传达设计专业本科教育项目
广西壮族自治区地方批准设立的中外合作办学项目
1. 广西建设职业技术学院与新西兰惠灵顿理工学院合作举办建筑工程技术专业高等专科教育项目
2. 广西建设职业技术学院与新西兰惠灵顿理工学院合作举办室内设计技术专业高等专科教育项目
3. 广西交通职业技术学院与加拿大不列颠哥伦比亚理工大学合作举办道路桥梁工程技术专业高等专科教育项目
4. 广西交通职业技术学院与加拿大不列颠哥伦比亚理工大学合作举办计算机应用技术专业高等专科教育项目
5. 广西财经学院与法国克莱蒙费朗第一大学金融与会计专业高等专科教育项目
6. 广西财经学院与法国克莱蒙费朗第一大学网络通讯服务专业高等专科教育项目

---

① 李阳:《西部地区高等教育中外合作办学的现状与发展对策——以云南和陕西省为例》,载《重庆高教研究》,2017,5(05):30-35页。

续表

教育部批准设立的广西壮族自治区中外合作办学项目
7. 广西财经学院与法国克莱蒙费朗第一大学企业管理专业高等专科教育项目
8. 桂林旅游高等专科学校与加拿大乔治布朗应用技术学院合作举办酒店与旅游运营管理专业高等专科教育项目
9. 右江民族医学院与英国科特布里奇学院合作举办护理专业高等专科学历教育项目
10. 广西建设职业技术学院与美国林本顿社区学院合作举办建筑工程技术专业专科学历教育项目
11. 广西国际商务职业技术学院与加拿大北方应用理工学院合作举办会计专业专科学历教育项目
12. 广西交通职业技术学院与英国南埃塞克斯学院合作举办数字媒体应用技术（平面设计）专业高等专科教育项目
13. 广西交通职业技术学院与英国南埃塞克斯学院合作举办机电一体化技术专业高等专科教育项目

数据来源于中华人民共和国教育部中外合作办学监管工作信息平台（2019年数据）

3.2 引进的优质教育资源的数量和质量均不高

我国《中外合作办学条例》明确提出国家鼓励引进外国优质教育资源的中外合作办学，鼓励中国高等教育机构与外国知名的高等教育机构合作办学。这就明确了中外合作办学的根本目的是引进和利用优质教育资源，但从各省目前的中外合作办学情况来看，引进的优质教育资源均未达到理想状态。判断引进的教育资源是否优质主要看以下几个方面：合作的院校是否是国际知名高校、合作的专业是否是该校特色优势专业、是否引进了国外同专业优质师资、合作办学的课程是否借鉴了国外课程且与本国国情相适应、合作的模式是否保证学生在国外有一定的学习时间且能够拿到国内外双方文凭与认证。从这些方面来看，我国目前大部分的中外合作办学机构或办学项目均未做到对优质教育资源的引进，也充分反映了目前我国中外合作办学的质量和发展程度，还远没有达到预期效果，也未能达到最基本的目标。

在各省发布的中外合作办学发展报告中，均提到了对优质教育资源引进不足的问题，最主要的表现是合作的外方学校知名度较低。目前我国中外合作办学项目的外方学校虽然主要来自北美、英法德等欧洲国家以及澳大利亚等教育发达国家，但合作的院校并不是这些国家教育水平较高且具有世界知名度的院校，很多外方学校都在全球500名之外。即使有几个项目是和全球较为知名的高校合作，但合作的专业也并非该校优势专业，教育资源也并不算全球最佳。

而在东北三省还存在一所国外高校的同一个专业和国内不同的大学合作，引进的办学资源不仅出现同质化，而且质量堪忧。如整个黑龙江省与俄罗斯合作的中外合作办学项目有43个，但都集中在俄罗斯符拉迪沃斯托克国立经济服务大学、布拉戈维申斯克国立师范大学、乌苏里斯克国立师范学院等高校，合作设置趋同，缺乏特色，同质化异常严重。而南方的广东、福建这样的中外合作办学大省也同样面临国外优质资源的引进力度不够的问题。

广东的中外合作办学项目近百个（包括教育部批准和地方批准），其中中方院校不乏国家211、985工程的重点高校，但合作的外方院校却缺少世界知名高校，合作的优质办学项目所占比例也不高。福建省也面临类似问题，虽然合作的院校中有美国旧金山大学、英国的卡迪夫大学以及美国的库克大学等在世界上有一定知名度的外方院校，但从中外合作办学的规模和知名外方院校所占的比例来看，引进的优质教育资源是远远不够的。很多学者都提出这与本地的中外合作办学制度不够完善和学校注重眼前经济利益而忽略学校长远发展有直接关系。

我国中外合作办学引进优质教育资源的不足还体现在课程设置和师资配备上。根据教育部于2006年发布的《关于当前中外合作办学若干问题的意见》中指出:"中国教育机构应当在实施此类项目中切实加大外国教育资源的引进力度,并对引进的外国教育机构的课程,特别是用以替代中国学历教育课程的课程认真进行评估。引进的外方课程和专业核心课程应当占中外合作办学项目全部课程和核心课程的三分之一以上,外国教育机构教师担负的专业核心课程的门数和教学时数应当占中外合作办学项目全部课程和全部教学时数的三分之一以上。"但在实际操作过程中,由于缺乏统一的考核标准和定量约束,很多中外合作办学并未达到四个"三分之一"的要求。在课程设置上存在两个极端,一是完全照搬外方课程,一是仍然保持原有的教学模式,都未体现"中外合作"。而外方师资的不稳定也成了影响教育质量的主要原因之一,很多中外合作项目并不能持续地保证外方的师资,大大影响了教学效果和办学质量。

此外合作模式也是判断是否引进了优质教育资源的标准之一。以本科中外合作办学为例,在培养模式上有"2+2""3+1""4+0"等模式,在文凭发放方面有"单证书"(一般只发中方文凭证书)和"双证书"(颁发中外双方文凭证书)两种模式。由于大学本科的核心课程基本设置在三、四年级,因此,办学模式的不同,意味着引进资源数量和质量的不同。

"2+2"模式,无论是"单证书"还是"双证书",学生只能在国外完成大部分甚至全部的专业核心课程,所以,国内大学所引进的优质资源就极其有限,而"4+0""双证书"模式则意味着几乎引进了全部核心资源。目前我国的很多参加中外合作办学项目的学生毕业后都很难拿到中外双方的文凭,只能获得外方给予的资质认证。

"3+1""4+0"的合作模式因就读成本较低，深受国内学生欢迎等原因越来越成为很多中外合作办学项目的首选，如中央财经大学与澳大利亚维多利亚大学合作的老牌中外合作办学项目：中澳合作国际经济与贸易专业就是"4+0"国内培养模式的典型代表。这个项目的全部授课及相关教学活动均在中央财经大学进行，学制4年，该项目自2004年启动以来，已经招收了8届学生，首届学生已于2008年6月毕业。

3.3 合作专业布局不合理，且无法满足我国实际发展需要

合作专业布局的不合理是我国中外合作办学发展过程中暴露的又一较为严重的问题，所办非所需、同质化专业泛滥成为导致我国中外合作办学不尽如人意的最主要原因之一。正如上文提到我国开展高等教育国际教育与合作是为了引进优质教育资源，补充我国教育发展的不足，完善高等教育学科发展体系，但目前我国的中外合作办学并没有完成这一任务，在合作专业上呈现的特点是过于集中在经管、贸易和艺术相关专业，缺少市场发展急需的高新技术、生命科学、教育文化等专业，更缺少地方发展需要的工、农、林和医药、机械等专业。国外乃至全球的高端技术领域、发展先进的学科并没有被引入我国，填补我国学科发展空白，反倒是一些在我国呈现发展过剩、办学泛滥的有关专业成为中外合作办学的热门专业。

对于个别省份来说，发展中外合作办学，除了引进优质教育资源外，还希望通过教育带动当地经济发展，充分利用当地区位优势打造有利于社会经济发展的学科环境，满足地区经济发展需要，但却事与愿违。如作为我国自然条件丰厚的大省之一黑龙江，在气候、煤油、森林和边境等方面

都拥有天然的区位条件，需要大量具备新农学视野，生态、生物工程类、材料类、基因类知识的新型人才，但在黑龙江省的中外合作办学中，工程类和管理类专业却占据了一半之多，高分子材料、地质科学、金属材料等新兴学科引进项目少之又少，生态类、生物食品等急需的农学类引进项目个数为零，不能更好地为地区经济服务，未能有效支持和服务黑龙江省经济发展的战略布局。黑龙江省本科层次及以上中外合作办学项目的学科门类分布如图1-5。

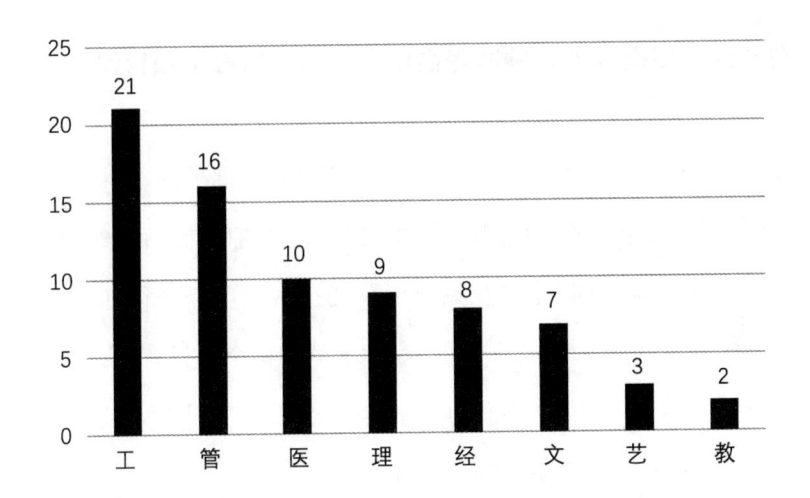

图1-5 黑龙江省本科层次及以上中外合作办学项目的学科门类分布（截至2019年数据）

工 21　管 16　医 10　理 9　经 8　文 7　艺 3　教 2

经管类专业成为众多中外合作办学项目的"重灾区"。在我国中外合作办学中一直存在重文轻理的现象，大部分省份的中外合作项目文科专业都占据一半之多，而在这些文科专业中，经贸类和管理类专业所占的比例最多，很多地区甚至出现了重复设置会计、经济、贸易、工商管理类专业。这其中很大一部分要归因于经管类专业的资金投入较少，且无须投入大量的教学设备建设；另一部分原因则为经管类专业的门槛较低，且受到广大学生的欢迎，因此很多学校为了迎合学生心理，盲目追求招生数量，大量开设同类专业的合作办学项目。经管类专业所占比重过大的问题在辽宁省、山东省、山西省、江西省、广东省的中外合作办学中都比较明显，从经管类专业在全省合作学科专业所占比重来看，山东省79%，山西省67%，辽宁省56%，广东省51%，江西省47%，这些同质化的学科专业并没有给各省的教育发展带来机遇，反而造成办学上的混乱，整体上拉低了我国中外合作办学的质量。

3.4 合作办学层次较低，硕博等高层次、高质量办学项目匮乏

从我国中外合作办学项目的数量上来看，教育部批准的本科层次中外合作办学项目有733个，遍布我国28个省、自治区和直辖市，而硕士层面的中外合作办学项目只有144个，且只出现在18个省、自治区和直辖市，而拥有独立办学资质且涵盖本、硕、博办学层次的机构全国只有9所，这一系列的数据直接说明了我国中外合作办学的另一大问题：合作办学层次较低，缺乏硕、博等高层次、高质量的办学项目。

中外合作办学层次不高的问题在我国大部分省份都存在，只有江苏、广东等中外合作办学相对较为成熟的地区问题较小，其他地区的问题都比较严重，出现办学层次分布严重不合理，硕、博等高层次的办学活动断层等现象。例如东北三省的中外合作办学主要集中在本科，山东、江西、河南等地的中外合作办学项目主要集中在专科或高职层面，而全国都普遍缺乏硕士以上办学层次的中外合作办学项目。

黑龙江省和吉林省中外合作办学本科项目数量分别为53和46个，而硕

士层面的办学项目这两个省都只有一个，分配比例严重不合理。江西省中外合作办学发展相对较为成熟，但中外合作办学层次却主要集中在专科，占到了整个办学层次的三分之二以上，办学层次发展极不平衡。

山西省的合作办学层次也表现为专科办学项目多，而本、硕层次的办学项目少。目前整个陕西省正在运行的本科中外合作办学项目只有一个，硕士层面的办学项目为零。但从山西省的高校办学实力来看，有很多高校具备实力举办硕士层面以上的中外合作办学活动，如山西大学、太原理工大学、山西医科大学等，并且在前几年山西省也拥有几个硕士层面的办学项目，一个是山西财经大学与德国弗莱堡大学合作（2011年），举办攻读硕士学位，专业有宏观经济、金融学、网络经济，学制两年，学员完成规定课程的学习、修满学分后授予德国弗莱堡大学经济学硕士学位；另一个是山西财经大学与德国马格德堡大学合作，以"2+3+2"培养方式进行。此项目中，"2"表示两年在山西财经大学学习大学本科课程，"+3"表示随后三年在马格德堡大学学习后续本科课程，"+2"表示以优异成绩完成本科学业，并符合马格德堡大学硕士研究生入学条件者，最后两年可继续攻读马格德堡大学硕士学位；还有一个是山西财经大学与英国哈德斯菲尔德大学合作的研究生"1+1+1"项目。但这几个项目持续性较差，目前都已停止办学。山西省在博士层面的中外合作办学活动始终处于空白阶段。山西省的情况对合作办学的整体而言也颇具代表性，中外合作办学活动分布不均，硕士及以上层面的中外合作办学活动匮乏。

3.5　质量保障体系不完善，内部缺乏评价标准，外部监管机制不足

　　以上问题主要是我国中外合作办学的内部发展问题，但在外部发展环境上，我国的中外合作办学也存在着各种问题，质量保障体系上的不完善就是突出问题之一。中外合作办学作为我国高等教育资源拓展的一种方式之一，需要在内部评价和外部监管上均发挥作用，才能保证中外合作办学的质量，但目前在我国内部缺乏统一的评价标准，外部也缺乏足够完善的监管机制。上文已经提到，我国中外合作办学的办学特点之一是双轨道的保障体系，内部由中外合作办学的中外主体单位直接承担办学和培养过程，外部由政府、行业以及企业搭建监督与管理的机制。但如何让双轨道的保障体系在全国的中外合作办学活动中均能发挥出最大效力，是我国中外合作办学目前面临的最大挑战。

　　为了保证中外合作办学的质量，需要从师资水平、课程设置、教材、教学内容、教学方法、教学环境和教学条件乃至毕业生的就业率和就业质量等方面进行综合评价，需要设立一套统一的指标，并定时进行评估。但从目前来看，各省都缺乏科学的、统一的内部评价、评估标准和体系，无法对具体的课程实施和教学效果进行质量评估。

　　而在师资方面，中外合作办学活动的师资队伍缺乏稳定性，也缺乏对师资水平的评估和监管，从而影响了教学活动的质量和人才培养的质量。目前中外合作办学的内部评价方式主要有两种，一种是学期末学生的匿名评价，另一种是教师听课打分，这两种方式的真实性和有效性都有待商榷。此外，这种评估对结果的反馈并不及时。从学生进行教学反馈，到管理者获得教学反馈信息，有较长的时间间隔。就算所反馈的问题要加以解决，

也可能已经延迟到下一学期甚至下一学年，这不仅不利于教师和教学管理者及时了解教学过程中存在的问题，也不利于了解学生的学习效果和效率，对教学的有效性也无法做出及时合理的评价。

中外合作办学的内部评价的另一个问题是缺乏权威的第三方机构来进行质量评估。办学过程中存在的问题也往往是当局者迷，情况无法及时被发现，因此，在这种情况下，第三方的评价与评估就显得格外重要。而目前能对中外合作办学进行第三方评价评估的机构或组织并不多，即使存在也缺乏一定的权威性。但更为主要的是，我国中外合作办学的承办者并不会将引进第三方评价作为保障内部教学质量的常规途径。目前国内存在一些第三方质量评估机构，如中国教育国际交流协会（CEAIE）于2012年成立的中外合作办学专业委员会，是举办中外合作办学机构（项目）的各级各类教育机构自愿结成的全国性中外合作办学行业组织，通过开展中外合作办学质量认证、办学咨询、能力建设、研究出版、交流推广等活动，为办学者提供全方位的服务。但从这一机构创立的时间来看，至今也只有不到十年时间，而这却是我国第一个全国性质的中外合作办学专项专家委员会，可见我国在中外合作办学第三方评估机构或组织方面发展的薄弱。

我国中外合作办学活动除了内部自办学质量上的保障与评估，国家及有关教育部门在外部上的监督与监管更不可或缺。上文已提到中国政府及教育相关部门已先后出台了《中外合作办学暂行规定》《中华人民共和国中外合作办学条例实施办法》等文件规范中外合作办学行为，但各省、自治区和直辖市仍然有权力审批通过地方中外合作办学项目，而纵观我国各省的中外合作办学规范，只有北京、上海、江苏等地有自己的专项政策性文件用于规范中外合作办学活动，其他地区均缺乏相关政策性文件和法规用于保障中外合作办学的科学、规范发展。这就导致了在一些地区一些质量较差、同质化较为严重的中外合作办学项目泛滥，更有甚者为追求经济利益而忽视办学质量，严重拉低我国的中外合作办学水平，虚假宣传、收费不合理等不良现象造成中外合作办学市场的乱象，给很多学生和家长带来损失，也造成了一定教育资源的浪费。

除了行政上的监管，在办学质量上也需要国家及政府对中外合作办学活动进行监管。面对我国中外合作办学发展过程中出现的质量问题，教育部已经自2013年起每年由教育部国际合作与交流司统一组织、教育部学位与研究生教育发展中心具体实施的本科及以上层次中外合作办学质量评估，同时建立中外合作办学执法和处罚机制，强化办学单位和各级管理部门的责任，淘汰部分未达到法定办学要求、未按合作办学协议约定投入办学资源以及质量评价较差的机构和项目。但这些政策还缺乏一定的普适性，只针对由教育部审批通过的中外合作办学项目，对地方审批通过的中外合作办学项目缺乏监管。且每年只对部分项目进行评估，并没有做到对所有项目办学质量进行考核，课件评估机制还不够完善。

3.6 有些省份中外合作办学发展不充分，办学规模较低

我国中外合作办学发展至今已有近半个世纪，中外合作办学机构和项目都在逐年增加，合作办学的深度和广度也在不断深入，但纵观全国的中外合作办学情况，仍存在着区域分布不均，部分办学资源过于集中的现象。

因中外合作办学与地区的对外开放紧密相关，因此在相对比较闭塞的我国西部地区，中外合作办学活动还比较匮乏，优质的国际教育资源短缺。

而即使在社会经济比较发达的地区,也出现了中外合作办学的发展程度与当地的经济发展不匹配的问题,相对于地区的教育发展水平,中外合作办学发展还不充分,合作办学的规模也相对较低。

例如我国辽宁省,无论从地域还是教育资源角度,都拥有得天独厚的优势,但与其他条件相当的区域如江苏、浙江来比,辽宁省的中外合作办学发展还存在很大差距。辽宁省目前还没有一所独立法人设置的中外合作办学机构,中外合作办学项目的数量也相对较少,办学规模也相对较小。在2004年我国《中华人民共和国中外合作办学条例实施办法》颁布以后,很多地区的中外合作办学都有了很大发展,但辽宁省的地域和教育资源优势却没有在这期间充分发挥出来,与老工业基地全面振兴战略和沿海经济带发展规划对高等教育的发展支持不相适应。

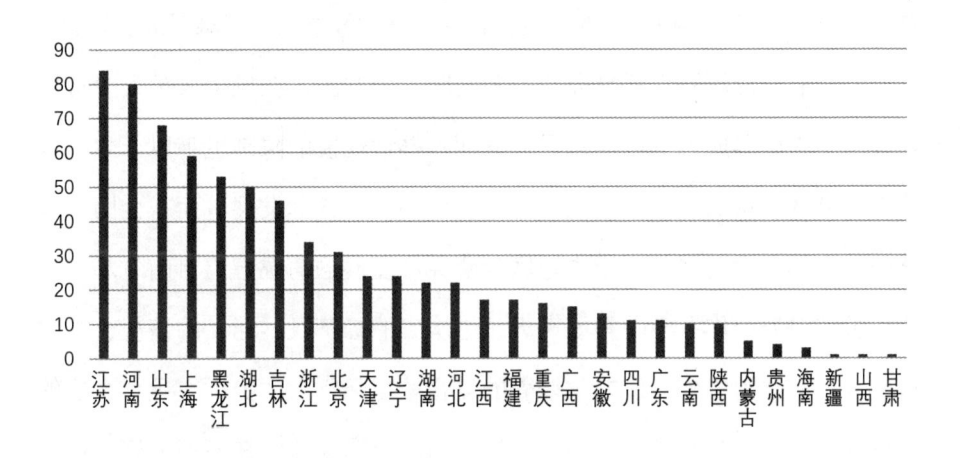

图1-6 中外合作办学项目(本科层次)在全国的分布统计

从上图1-6我国中外合作办学项目(本科层次)数量的分布来看,我国西部地区的高等教育国际化发展相对落后,中外合作办学发展程度过低。西藏的中外合作办学仍然为零,而新疆、甘肃以及山西三地的由教育部审批的中外合作办学项目只有一所。

有些省份中外合作办学发展不充分，办学规模较低还表现在招生规模小，中外合作办学在校生规模较低。例如山西省在中外合作办学活动发展较为稳定的2010年，中外合作办学机构和项目的招生人数也仅占整个山西省普通高校招生规模的1.77%。

而从在校生的规模来看，大部分山西省的中外合作办学机构和项目的办学规模都少于1000人，只有太原师范学院中加希尔克学院的招生规模达到了1200人以上，甚至有的中外合作办学机构和项目的规模只有几十名学生，如山西电力职业技术学院与澳大利亚启思蒙技术与继续教育学院的合作项目在校生仅有177人。由于有些中外合作办学机构和项目办学规模较低，在校生数量有限，大部分教学活动都食欲校本部在一个校区，由于没有自己独立的校园和相应的教学设施，国际化的教学氛围很难形成。

这些中外合作办学项目存在很多问题：一方面，在校生人数太少直接导致了生均培养成本的增高；另一方面，办学规模的限制也难以产生办学的规模经济，从而进一步影响了中外合作办学的长远发展。而在全国大部分中外合作办学发展落后于本地区社会经济发展的情况下，河南省却存在高等学校中外合作办学的发展大大超过本省的经济发展速度的情况，导致河南本地无法为中外合作办学培养的复合型国际化人才提供充足、合适的岗位。同时，中外合作办学中方院校为追求经济利益，在短期内盲目扩大办学规模，而办学资源又无法满足实际办学需要，导致难以保质保量地完成教学任务。

3.7 各省份内部发展不平衡，合作城市和院校过于集中

我国中外合作办学的发展不仅在全国分布不均衡，即使在各个省内的发展也不平衡，很多省份的中外合作办学活动只集中在某一个或两个城市，更有甚者只集中在某所高校中，存在办学活动过于集中的情况。如吉林省的中外合作办学活动主要集中在长春，河北省的中外合作办学活动主要集中在石家庄和保定两地，江苏的中外合作办学主要集中在苏南地区等。当然这与各省不同城市之间的高等教育发展水平、城市的社会经济发展水平、个别城市的功能定位和城市发展环境相关。但不管是何因素，中外合作办学在省内不发展不平衡的事实是客观存在的，不利于我国中外合作办学的充分发展，也不利于国际优质高等教育资源的优化配置。

在我国东北三省，中外合作办学过于集中在单个城市的现象尤为严重。吉林省具有中外合作办学经验的21所高校有三分之二都位于长春市，如吉林大学、东北师范大学、长春理工大学以及吉林财经大学等；在辽宁省全省65个本科院校中，开展合作办学的高校有20个，占31%，绝大多数为沈阳和大连的高校，分布也过于集中，不利于提高辽宁全省的高等教育国际化水平，也不利于培养符合区域经济和社会发展所需人才；截至2019年底，黑龙江省76个本科层次及以上的中外合作办学项目中，有38个在哈尔滨，占总数的50%，其次是齐齐哈尔11个，其他地区加起来只有13个，分布也极其不均衡。

东北三省的中外合作办学发展不平衡除了表现在集中分布在个别城市外，还表现在集中在个别学校内。如辽宁省目前正在运转的24个本科层次中外合作办学项目，东北财经大学就有6个，大连交通大学有3个，大连工

业大学和大连大学各有2个。黑龙江本科层次的中外合作办学项目共有53个，主要集中在齐齐哈尔大学（8个）、黑河学院（6个）、牡丹江学院（5个），佳木斯大学、黑龙江大学、黑龙江科技大学和哈尔滨工程大学各有4个，总和占到了总数的三分之二。吉林省的情况相对较好，截至2019年底，在运行中的46个中外合作办学项目平均分部在24个学校，每个学校2个项目，分布较为均匀。

其他省份中外合作办学发展也存在不平衡的情况，主要表现在省会、沿海等社会经济发展较快的地区分布较多。如山东省的中外合作办学的中方院校主要集中在济南和以青岛为代表的沿海城市，这两个城市的中外合作办学项目占到整个山东省本科层次中外合作办学项目总数的60%以上。济南作为省会城市，具备政治、经济、文化优势；青岛、烟台、威海是山东省典型的东部沿海城市，自然地理环境怡人，经济发展水平较高，不乏外向型经济特色鲜明的跨国企业，国际化办学需求旺盛，具有开放自由的海派文化，从而成为外方教育机构的重要选择对象。江苏省作为我国高等教育国际化发展的典范地区也存在区域集中的情况。

截至2019年底，江苏有84个本科层次的中外合作办学项目，12个硕士层次的项目，这96个项目的大部分位于苏南地区，特别是本科层次，主要集中在南京、常州、无锡、苏州、镇江地区；苏北地区本科项目较少，专科项目较多，本科项目只有徐州、扬州、盐城三个城市有开展，体现出明显的地域发展不均衡。

3.8 存在办学项目泛滥、办学质量较低、虚假宣传、收费不合理等个别不良现象

我国中外合作办学目前已成为我国对外交流合作的重要教育形式，也为社会培养了具有国际视野和实践能力的人才。但新兴事物在发展的过程中不可避免会产生各种各样的问题，如合作办学层次不高、师资队伍国际化程度低、生源质量不能满足国际化人才培养目标等等。中外合作办学由于发展不充分性，内外质量保障机制不够完善，也如同其他教育行业一样出现了一些虚假宣传、收费不合理等不良现象。

随着中外合作办学的不断发展，越来越多的高校加入到中外合作办学的大潮中，导致我国中外合作办学项目泛滥，同质化项目越来越多，大部分办学项目的办学水平和办学层次也不高，办学质量没有保障，这一系列原因导致中外合作办学在我国的口碑不断下降，这种新型的办学形式也不再是国内家长和学生热衷的选择。加之一些中外合作办学的中、外方学校在国内均不具有知名度，导致合作的项目对生源的吸引力并不大，有的项目招生已经降到三本或专科批次。中外合作办学的学费较高、门槛较低，在招生市场上的优势更是寥寥无几。为了增加招生数量，很多办学质量一般的高校在招生宣传上做文章，虚夸合作办学的好处，更有甚者对学生未来做出不合实际的承诺。这些问题都对我国中外合作办学的发展造成了不良影响，办学声誉急剧下降，也导致了一些项目的终止，每年都有一大批中外合作项目消失。

我国高等教育生源大省山东在中外合作办学发展的道路上就面临这样的窘境。目前山东省内一流高等教育资源稀缺，仅有3所"211工程"院校，

高考竞争力强，入学条件要求高。二十余年的发展使得中外合作办学在山东省高等教育格局中占据独特地位，成为学生及家长进行高考志愿选择时的重要考虑对象，得到更多的社会关注。家长希望通过有效的高等教育投资，让自己的孩子通过一系列具有国际化元素的专业理论学习，获得广阔的发展平台，得到国内外人才市场的青睐。目前山东省能够得到社会公认的优质品牌中外合作办学机构或项目为数不多，优质教育资源供需矛盾突出。关于中外合作办学的各种舆论报道层出不穷，一些媒体或因缺乏常识，或因利益驱动，对中外合作办学进行不实或虚假报道，片面夸大中外合作办学的高收费，影响求学者准确判断、理性择校；一些机构项目招生部门宣传不得要领，片面突出中外合作办学的国际化特色，有的被"黑中介"牵着鼻子走，误导学生、误导大众，长此以往山东省的中外合作办学的声誉不断下降，严重影响山东省乃至全国的中外合作办学的未来发展。

4 中外合作办学发展前景

全球化趋势越来越明显，在此背景下中外合作办学必将持续发展。随着跨国公司向发展中国家的不断扩张，培养具有全球视野和国际竞争力的人才，促进高等教育的可持续发展，成为摆在我国高等教育面前的重要课题。

由于国与国之间的交往越来越频繁，坚持培养国际型人才成为我国高等教育一项长期的任务。中外合作办学可使中国在向各国同行学习的同时，使世界各国更多地了解中国。因此，中外合作办学当是我国融入全球化大潮的必然选择,也是我国高等教育发展的必然选择,是我国高等院校自身发展的必然选择。

目前我国应对国际竞争新形势的专门人才仍十分短缺,而解决人才问题要靠发展教育。由于我国是发展中国家,发展教育还存在资金和教育资源尤其是优质教育资源的明显不足,与发达国家相比,发达国家在高级人才培养上占有优势。大量引入外资及国际优质教育资源发展我国的教育就显得非常重要。

中国承诺在各层次教育领域对外开放,允许其他成员国来华开办合作办学性质的教育机构或进行其他形式的合作办学。这标志我国在更高层次上与世界上教育发达国家进行交流与合作,也是我国积极应对经济全球化和入世对教育提出的更高要求、推进我国教育改革与发展的重要举措。为保障履行承诺,我国制定了《中华人民共和国中外合作办学条例》。《条例》大大增加了国民及外方对中外合作办学的信心,越来越多的外国教育机构来华进行合作办学。在科学技术飞速发展和经济全球化的情况下,在人才需求的动力下,在我国法律的保护下,中外合作办学必将迎来一个前所未有的大发展时期。

我国教育对外开放已经形成新局面:2017年12月,国务院办公厅印发了《关于做好新时期教育对外开放工作的若干意见》《推进共建"一带一路"教育行动》等系列文件;积极服务"一带一路"倡议,与14个省(区)、市签署教育行动国际合作备忘录,构建全国"一带一路"教育行动网;建立八大中外高级别人文交流对话机制,与188个国家和地区建立了教育合作与交流关系,与46个重要国际组织开展教育合作与交流;双向留学工作迈上新台阶,我国已成为世界最大留学生输出国和亚洲最大留学目的国；国内国际教育资源统筹形成新合力，重视培养非通用语种人才，设立42家国别和区域研究培育基地，备案395家国别和区域研究中心，实现国别和区域研究的全覆盖……

新形势下，中外合作办学正面临着前所未有的机遇。中外人文交流作为国家外交的重要组成部分，被提升到国家发展的战略高度。中外合作办学在非通用语人才培养、推广国际汉语、打造一流语言机构、形成具有国际影响的人文交流品牌、动员留学生及志愿者广泛参与国际合作等方面具有传统办学无法匹敌的优势，必将在未来教育竞争中赢得重要地位。

第二章 高等院校分校（区）的建设与发展

1 高校分校（区）的建设背景

办学空间是办学的基本条件，也是高等教育实现持续发展的基础保障。随着高等教育的不断发展，其对办学空间的需求也逐渐增加。招生规模的扩大、学科专业的拓展以及科研配套设施的设置无一不需要办学空间的保障。有了充足的办学空间才能确保高等院校各项事业的不断发展，因此在高校不断发展的过程中，始终伴随着办学空间的拓展。

早在20世纪80年代，就有一批学校开始了拓展办学空间的步伐，当时这些学校大多选择了本校区所在城市的郊区地带，如上海交通大学在1985年建设了自己的分校区，开始了多校区同时办学的探索过程。由于经济的不断发展，国家建设项目的逐渐增多，土地资源越来越珍贵，土地价格也逐年成倍递增，受限于财力以及土地资源等，很多高校已经很难实现在原有校区附近或者学校所在城市扩大办学面积。尤其一些知名高校多选址于经济较发达城市，这些经济发达、配套生活设施完善的地区土地资源更为珍贵，土地征收以及建设成本也更为高昂。面对这种情况，一些高校为了扩大办学空间，满足自身发展的需要，不得不将目光瞄准其他土地资源更为丰富、建设成本更为低廉的地区或城市，谋求在异地办学发展。

建设分校区是为了扩张办学空间，而扩大办学空间则源于高校办学的需要，也就是高等教育的发展壮大，而影响高等教育发展的决定性因素还要追溯当时的社会经济环境。我国高校分校区建设起步于20世纪80年代，到达井喷式发展是在21世纪初，从2010年起开始呈现出具有时代特色的发展趋势。这一切都与当时的社会经济环境变化息息相关，直接表现为受国家各项政策的影响十分明显。我国高校办学空间的拓展之路，也是高等教育适应我国社会经济发展的变化之路。

根据办学空间拓展过程中呈现的不同特征，我们可以将高校建设分校区、实施多校区办学的历程分为三个阶段，每个阶段都能在当时的社会经济变化中找到促进其发展的"幕后推手"。

1.1 拓展办学空间的起步探索阶段

20世纪80年代，我国的高等教育正处于恢复发展时期，随着十一届三中全会的召开，全国的高等院校相继开始了爆发式反弹发展，特别是在高等入学考试制度恢复以后，国家也相对放宽了在教育领域的发展制度，教育领域的改革开放为高等教育的发展注入了新的活力。虽然在这一时期国家为了避免过度发展带来种种问题，对高等教育发展质量提出了更高要求，导致我国高等院校的数量有所减少，但这却并没有影响一些高校为了自身发展需要而努力拓展办学空间，建设自己的分校区。

第二章 高等院校分校（区）的建设与发展

1982年，党的十二大报告中明确指出"应该把教育和科学作为经济发展的战略重点和推动社会发展的根本环节"，这是我国第一次把教育事业作为现代化建设的战略重点，大大提高了我国教育事业的地位，从而也推动了我国高等教育的发展。很多高校在国家社会经济环境发展的有利条件下不断寻求自身的发展，拓展办学空间成为很多高校最先采取的行动。1985年，上海交通大学在上海市闵行区征地5000亩率先筹建闵行校区，并于1987年招收第一批新生，南京大学于1987年在南京市浦口区珍珠泉风景区征地4000亩建立浦口校区，我国高校分校区建设这一拓展办学空间的形式开始登上了历史舞台。

当时高校建设分校区拓展办学空间还受另一个政策因素驱动。1985年，国家颁布《关于教育体制改革的决定》一些大学加快向一流大学前进的步伐，朝着规模大、学科全的综合性大学方向迈进。为了改变自身学科单一的状况，许多院校具有强烈的升格为大学的愿望。而按照《高等教育法》和《普通高等学校设置暂行条例》有关规定，学院更名为大学，校园占地面积至少800亩，因此，为了提升办学层次，校园面积不足800亩的学校扩展校区就成了必然的选择。

但随着高等教育各项事业的一路高歌猛进，为避免不科学、不理智的发展现象出现，国家开始出台一系列政策引导高等教育的协调发展，调控不符合当时社会经济发展水平的做法。1993年党中央、国务院颁布的《中国教育改革和发展纲要》文件中明确提出了关于高等院校的"共建、调整、合作、合并"八字指导方针，并指出"高等教育发展要坚持规模与结构、质量与效益相一致的发展方针，坚持走以内涵发展为主的道路"。

因此在十年内，据统计我国高校进行了275次院校合并，先后有612所高校进行了合并与重组。其中，以2000年为最多，短短一年中，共进行了105次合并，有203所高校经合并重组为79所新的大学。合并重组的过程也催生了一些高校分校区的出现，只是在这一阶段分校区的概念很少被提及，我国高等教育的发展重心和关注点停留在恢复发展和保证发展质量等问题上，但多校区办学的模式已初见雏形，很多学校都探索出了一条较为可行的多校区并行管理的运行机制，为之后高校拓展办学空间、建立分校区打下了坚实的基础。

1.2 本地办学空间拓展的井喷式发展阶段

进入21世纪后，我国开始了高等教育大众化的步伐，也推动了我国高校拓展办学空间建设分校区的历程进入了第二个阶段，即井喷式发展时期。从2000年开始，我国高等教育开始从精英化向大众化过渡，随着国家振兴教育、扩大招生等相关政策的出台，我国高等院校为了满足办学需求，开始了拓展办学空间之路，高校数量也在这十年内有了显著增长。而2002年《民办教育促进法》的出台，以及一系列鼓励高等教育向更高水平发展的战略和要求的出台，都推动了高校为获得更高、更远、更长久的发展而不断扩大办学空间。

1999年1月13日国务院批转的《教育部面向二十一世纪教育振兴行动计划》要求积极发展高等教育事业。同年6月，全国第三次教育工作会议在北京召开，决议扩大高校招生规模，之后我国高等教育每年以17.8%左右的速度扩大招生，导致不同层次的高等学校的学生数量成倍增长。招生规模的扩大自然会带来办学空间不足的问题，于是很多高校都开始纷纷建设分校区，探索多校区办学模式，以迎合当时的社会经济发展对高校发展提出的新要求。

1999年《中共中央国务院关于加强和深化教育改革，全面推进素质教育的决定》提出"进一步扩大高等学校在招生、专业设置等自主权，进一步解放思想、转变观念，积极鼓励和支持社会力量以多种形式办学，满足人民群众日益增长的教育需求，形成以政府办学为主体、公办学校和民办学校共同发展的格局"。2004年发布的《民办教育促进法实施条例》标志着我国民办教育的法律基本建立，为办学主体的丰富化奠定了法律基础。

此外，国家教育政策鼓励高校创新发展，双一流政策的提出鼓励高校以建设一流大学为目标、坚持以学科为基础、坚持以绩效为杠杆、坚持以改革为动力的世界一流大学。教育部、国家发展改革委、财政部三部委联合发布的《引导部分地方普通本科高校向应用型转变的指导意见》指导高校加快融入区域经济社会发展，抓住新产业、新业态和新技术发展机遇，建立行业企业合作发展平台，创新应用型技术技能型人才培养模式。

进入21世纪后，高校扩建新校区实施多校区办学的原因多源于自身发展需要，为打破高校现有发展的局限性，寻求新突破，创新办学模式，一些高校选择建立分校区，通过拓宽办学空间创造新的发展机遇。近十年来这种形式的高校扩建如雨后春笋，形成连锁带动反应，尤其是位于重点城市的一些高校，多选择施行多校区办学模式。

成立于20世纪五六十年代的高校，校园占地面积一般较小，而近20年来，由于城市的快速发展，城市中心地价迅速攀升，寸土寸金，学校周边高楼林立，使得学校无法实现扩展。加上基础设施老化，校舍面积尤其是教学、实验用房和学生宿舍严重不足，只好将部分学生安排在校外住宿，给学校的教学、管理和学生生活带来诸多不便。因此，一些学校建设新校区成为燃眉之急。而且，在高校扩招的形势下，谁拥有足够的办学空间，谁就可以吸纳足够的生源，规模效益才能最大化，才能提高办学效益。本地校区办学的高校多出现在北京、上海、南京、天津、广州及西安六大城市，而且这些城市高校的分校区呈现集中布局，多形成大学城，例如北京的昌平高教园、沙河高校区，上海的松江区、徐汇区和闵行区的大学城，南京的浦口，广州的大学城。

1.3 异地办学空间拓展的创新发展阶段

我国高校分校区建设之路在经过十年的井喷式发展之后满足了大部分高校在该阶段对办学空间的需求，解决了由于办学空间不足限制其自身发展的燃眉之急。在这之后，社会经济环境又对高校的发展提出了新要求，例如地方城市的建设开始需要高校的助力，社会资本的急剧扩张，民间资本在市场机制的作用下开始进入高等教育领域。而从国家层面来看，优质的高等教育分配不均成为我国高等教育事业在当前阶段面临的主要问题，如何实现高等教育资源的优化配置成为各大高校需要考虑的主要问题之一。各大高校分校区的建设也因此进入了第三个阶段，即异地分校区建设阶段。

早在1999年《中共中央国务院关于加强和深化教育改革，全面推进素质教育的决定》就提出鼓励高校在外地进行合作办学。在此阶段创新发展成为高校扩建分校区的关键词，其特点鲜明表现为办学主体的多样化，与政府合作共建分校，与企业共同打造联合培养成为分校区建设的主旋律。异地多校区办学可分为省内异地办学、跨省异地办学和跨国异地办学。省内异地办学指的是异地办学的新校园所在城市与主校区所在的城市位于一个省或自治区内,办学的空间距离有限,一般不超过500公里。例如,山东大学威海分校、中山大学珠海校区、暨南大学珠海学院、浙江大学宁波理工学院、曲阜师范大学日照校区、山东科技大学青岛校区等。这些高校的主校区一般位于所在省(或自治区)的省会城市或其他中心城市,而异地办学的新校区则位于所在省(或自治区)内的另一个新兴或沿海城市。

跨省异地办学指的是异地办学的新校园所在城市与主校区所在的城市不在同一个省(或自治区)内,办学的空间距离比较远,一般都超过了1000公里。例如哈尔滨工业大学(威海)、北京大学深圳研究生院、南开大学深圳金融工程学院、北京师范大学珠海校区等。跨省异地办学最早的是哈尔滨工业大学,1987年他们在山东省威海市建立了哈尔滨工业大学威海分校。

跨国异地办学不同于在中国本土范围内的异地办学,在办学动因、办学性质以及办学形式上都具有其特殊性,其主要特征表现为在境外实施中外合作办学,本书在第一章中已对这种办学模式进行了详细介绍。

2　高校分校(区)的不同类型和建设特点

作为高等院校办学空间拓展的主要方式之一,建设分校区是主要形式之一,也是最直接、最有效的一种选择。自我国高等院校开始力求扩大办学空间,采用各种形式的办学模式,建设分校区就成为高等院校在寻求自身发展的道路上必然要面对的问题。随着不同规模、不同类型以及不同时期的高校的不断探索，分校区的形式也随着建设条件、办学目标、建校要求的变化而变化。仅从办学模式上来看，前后就出现过独立学院、三本院校、研究院、分校等多种形式；从办学主体上来看，也经历了从公办到公私合办再到完全民办的过程；从办学地点上来看，也存在本地分校（区）和异地分校（区）两种类型。但从办学的出发点以及建设的最主要目标的角度来分析，以拓展办学空间为主且形成教学、管理、后勤等完整办学体系的办学形式才是本章节介绍、分析的主要形式。因此综合建设的完整程度、办学规模的完备以及办学硬件、软件的配备三个方面，在境内建设"分校""校区"及"独立学院"这三种可以统称为高校分校（区）的办学形式是高校拓展办学空间的主要代表，而独立学院因其在建设背景和办学模式上的代表性和特殊性，也将在本书中作为独立章节进行重点介绍。

2.1 高校分校（区）的不同类型

2.1.1 分校

分校是指已形成完整的教学、管理、后勤等系统，是独立运行于本部的一个"新学校"，且大都具备独立法人身份，拥有多个教学组织（学院和系），有相对独立的招生、人事、组织和后勤职能。这类模式办学规模较大，对于完成高等教育大众化的任务是很有帮助的。它们通过规模经济使学校的相对空间增大，这些学校基本是贷款或通过成人教育等滚动发展，所以也不会给本部带来财务负担。

分校往往是高校在建设新校区的过渡模式，在未取得国家主管教育部门的审批时，以独立分校的形式运行。经过一段时间的发展后，一些分校经过市场和教育部的审核，逐渐发展成为校区。例如，2019年，北京大学珠海分校正式获得教育部批准，成为与校本部具有同等办学水平的分校区。但分校的办学层次往往比较低，研究生比例也远达不到主校区的标准。山东大学威海分校、哈尔滨工业大学（威海）、北京师范大学珠海校区、浙江大学宁波文理学院、东北大学秦皇岛分校等基本属于这类模式。

分校模式的优点在于建立一套独立的办学系统，内部管理起来比较顺畅。但是分校模式最大的问题是与总校的关系。专业的设置、办学水平和办学层次等与总校之间的不同，会造成在一定程度上招生水平的不同，师资水平的差异也会引起总校对学校品牌的担心。

根据形成过程来进行划分，"分校"主要有两类：第一类为产生于"大学合并潮"并隶属于"本校"，实际上基本保持独立运行的"分校"。21世纪初的大学合并，主要是将专业性较强的大学向有实力的综合性大学合并，进行合并的学校在合并前地理位置并不重叠或临近，合并后就转化为了实际上的"类分校区"。一些院校经过资源重组往往会把相近的专业放在一个"分部"，此类合并学校的"分校"一般独立性较强，实际上相当于"只是换了块牌子"，因此在招生以及学制、行政管理方面都拥有极大的自主权。比如在2000年，北京医科大学与北京大学进行了合并，如今，前者成为北京大学医学部。

第二类是由学校本部与地方政府合作开办，隶属于"本校"却基本独立运行的"分校"。此类"分校"由于相关政策有待完善，在性质认定方面存在较大差异。这一类的代表性学校为北京师范大学珠海分校，该分校是由北京师范大学与珠海市政府合作建立，教学方面长期引进本部教师进行合作，分校党委书记由本部党委副书记兼任。北京工业大学实验学院与北京工业大学的关系也与以上类似。虽然北工大实验学院可以在北京一本招生，但是毕业证和学位证上还仍然摆脱不了实验学院的印迹。然而，同样属于校本部与地方政府共建的高等教育机构，山东大学威海分校却成功转化为山东大学"分校区"，在各类学历学位证书方面实现了完全一致，并且不属于"独立学院"之列。

2.1.2 校区

校区形式是指在无论在行政管理、教学管理、学生管理方面，还是在学科发展、文化建设以及后勤服务方面都是在主校区的统一领导下，只是在地理位置上有别于主校区，这种形式多见于本地进行多校区办学的情况。以中山大学珠海校区为例，珠海校区是广州校区的延伸和补充，同样是中山大学的一个核心部分，统一招生、统一教学，没有任何不同。校区没有独立的职能部门和独立的教学单位，因此，被称为"同一所大学里相距120公里的建筑"。暨南大学珠海学院、曲阜师范大学日照校区、山东科技大学青岛校区等都属于这类情况。

校区模式的优点在于与原来的教学和管理体制的衔接非常紧，不需要创新管理模式，不需要人们去适应和磨合新的运行机制。校区模式对于学校拥有更多教育资源、扩大办学空间非常有帮助。但这种模式的办学单位成本较高，而且兴建新校区会给学校带来一定的财务压力。

明显区别于"分校"的是，"校区"大多指"本校分部"，即"分部不分校"，"校区"在各方面都直接受"本部"领导，不存在独立运行的状况。例如，复旦大学在上海主要分为邯郸路校区（主校区）、枫林校区（医学院)、张江校区(微电、软件、药学)、新江湾城新校区(法学),四个校区间学生除就学位置外其余待遇皆一致。郑州大学分为南校区(大学路)、北校区(文化路)、新校区(科学大道),三个校区间学生除就学位置、就读专业外,其余待遇皆一致。建立"校区"也可能是学校经过长期发展出于自身教学建设的需要,将研究生与本科生分在不同校区培养,像南方医科大学、浙江中医药大学就属于这种情况,分校区毕业生与本部毕业生在各方面也享受同等待遇。

2.1.3 独立学院

独立学院是根据2008年教育部《独立学院设置与管理办学》规定,指实施本科以上学历教育的普通高等学校与国家机构以外的社会组织或者个人合作,利用非国家财政性经费举办的实施本科学历教育的高等学校。独立学院是民办高等教育的重要组成部分,属于公益性事业,应当符合国家和地方高等教育发展规划。截至2014年6月8日,经教育部批准的独立学院共有283所,其中有66所由120所国家重点高校建设。

从实际运行的角度看,独立学院是由普通本科高校按新机制、新模式举办的本科层次的二级学院。它是一个独立于母体高校运行的综合性的本科高校。一些普通本科高校按共办机制和模式建立的二级学院、分校或其他类似的二级办学机构不属于此范畴。

独立学院办学模式是在社会主义市场经济条件下,在公有民办二级学院模式的基础之上予以政策规范的一种办学模式。它由普通高等学校申办,并负责教学管理,不需要国家财政拨款,而依靠筹集社会资金,按民办机制运行,相对独立和具有较大自主权。其特点表现为:它充分利用了现有普通高校的优质教育资源和社会资源，增强了独立学院发展的潜力和活力。母体高校有义务为其教学质量负责，因而为独立学院的办学质量提供了保障；有独立的校园和基本办学设施，实施相对独立的教学组织和管理，独立进行招生，独立颁发学历证书，独立进行财务核算，具有独立法人资格，能独立承担民事责任；独立学院一律采用民办机制，独立学院建设、发展所需经费及其他相关支出，不依靠国家的财政来源，而全部由合作方承担或以民办机制筹措。

2.2 分校（区）建设的特点分析

为了了解高校在进行多校区建设和管理中遇到的问题，深入分析分校（区）的办学模式和发展特点，本书对全国76所教育部直属高校，116所211工程大学，39所985工程大学（有重合）进行的调研。从境内办学来看，截至2019年底，共有31所高校在异地拥有分校区，有81所高校在本地拥有分校区，有66所高校获得教育部批准建有独立学院。在76所教育部直属高校中，在本地进行多校区办学的有49所，在异地进行多校区办学的有19所，获教育部批准建有独立学院的有39所；在116所211工程高校中，在本地进行多校区办学的有80所，在异地进行多校区办学的有30所，拥有独立学院的有65所；在39所985工程高校中，在本地进行多校区办学的有30所，在异地进行多校区办学的有12所，建有独立学院的有21所。

这些高等院校代表了我国高等教育发展的水平，同时这些高校也具有一定的风向标作用，它们的行为往往影响着我国高等教育的发展方向，代表发展趋势。这些国家重点高校拥有全国最优质的教育资源，最强的发展实力，同时也享有国家、政府以及地方为其提供的最大支持与帮助，这些优势对其进行多校区办学起到至关重要的作用。与此同时，这些重点高校也是国家教育政策的首批受益者和响应者，它们建设分校（区）有内外两方面的动力：外部动力是来自改革开放后高等教育大众化带来的招生规模的扩大，社会经济水平的提高也提升了国民对高等教育的需求，越来越多的入学需求给高校的办学空间带来的空前压力，不断迫使高等院校拓展办学空间，增加办学面积；内部动力是，随着国家经济社会的不断发展，以及高等教育改革的持续推动，一些有实力、有眼光、有机遇的重点高校自身也不断寻求发展，带头创新，探究新的办学方式，以求自身的不断进步和可持续发展，而办学空间问题作为办学的基础条件，被当作最主要也是最重要的方面被推到历史发展的最前端。随着一些高校无法在当地找到拓展办学空间的场地，纷纷将目光转向了更有发展机遇的异地城市，进行跨市、跨省办学，建立分校区。通过对这些具有代表性的高等院校的分校（区）建设和管理模式的调研分析，可以归纳出一些多校区建设发展过程中体现出来的特点与问题。

2.2.1 分校（区）母体多为综合类和理工类院校

根据调研数据可知，进行多校区办学的多为综合类大学和理工类大学，文科类学校只有几所师范院校在异地建有分校区。这些高校办学层次全面，学科发展完善，在教学、科研领域的发展空间较大，对办学空间和办学面积的需求也更为紧迫。

表2-1 部分重点高校在异地建设分校（区）情况

编号	高等院校	城市	分校（区）名称	分校（区）所在地
1	山东科技大学	青岛	山东科技大学济南校区	济南
2	山东大学	济南	山东大学（威海）	威海
3	哈尔滨工业大学	哈尔滨	哈尔滨工业大学（威海）	威海
4	东北大学	沈阳	东北大学秦皇岛分校	秦皇岛
5	东南大学	南京	东南大学无锡分校	无锡
6	西南交通大学	成都	西南交通大学峨眉校区	峨眉山
7	河北工业大学	天津	河北工业大学廊坊分校	廊坊
8	河海大学	南京	河海大学常州校区	常州
9	辽宁大学	沈阳	辽阳武圣校区（辽宁大学外国语学院）	辽阳
10	暨南大学	暨南	暨南大学珠海校区	珠海
11	中山大学	广州	中山大学珠海校区	珠海
12	武汉理工大学	武汉	武昌首义学院	首义
13	华中师范大学	武汉	华中师范大学汉口分校	汉口
14	华南师范大学	广州	华南师范大学南海校区	南海
15	北京师范大学	北京	北京师范大学珠海分校	珠海
16	西南大学	重庆	西南大学荣昌校区	荣昌
17	浙江大学	杭州	浙江大学宁波理工学院	宁波
18	中国农业大学	北京	中国农业大学（烟台）	烟台
19	吉林大学	长春	吉林大学珠海学院	珠海
20	曲阜师范大学	曲阜	曲阜师范大学日照校区	日照
21	北京理工大学	北京	北京理工大学珠海学院	珠海
22	广西大学	南宁	梧州学院	梧州
23	合肥工业大学	合肥	合肥工业大学宣城校区	宣城
24	中国人民大学	北京	中国人民大学苏州校区	苏州

续表

编号	高等院校	城市	分校（区）名称	分校（区）所在地
25	大连理工大学	大连	大连理工大学盘锦校区	盘锦
26	北京交通大学	北京	北京交通大学威海校区	威海
27	中国石油大学（北京）	北京	中国石油大学（北京）建设克拉玛依校区	克拉玛依
28	宁夏大学	银川	宁夏大学中卫校区	中卫
29	北京中医药大学	北京	北京中医药大学深圳校区	深圳
30	北京理工大学	北京	北京理工大学秦皇岛分校	秦皇岛
31	暨南大学	暨南	暨南大学深圳旅游学院	深圳

之所以分校（区）建设多集中在理工类院校，也是有历史遗留的原因。20世纪50年代，高等教育的办学思路是分科设立大学，因此导致高校往往学科单一，真正意义上的综合性大学很少。为了学科更加综合，改变高等教育单科性大学过多的局面，大规模的高校合并随之出现，高校的学科数量大幅度增加。实力比较强、学科比较全的大学合并所引起的涨幅最为明显。以新吉林大学为例，合并后学科门类覆盖文、理、医、工、管理等，属于新兴综合性重点高校。本科专业数量增加到个，硕士点上涨到个，博士点上涨到个，博士后流动站上涨到个。办学层次较低的院校合并后，学科数量也有一定程度的增长。例如，由长春建筑高等专科学校、长春水利电力高等专科学校以及长春工业高等专科学校合并而成长春工程学院，合并前的专科性院校学科相对单一，合并后学科数量和学科覆盖面加大，本科专业包括了机械、电力、水利、地矿、计算机和管理等专业。学科门类的增加往往意味着大学的综合性程度得到提高。例如，新武汉大学学科门类包括了文、理、法、农、工、医、管等，本科专业数量、硕士学位授权专业数量，博士学位授权专业、博士后科研流动站数量都跃居湖北省高校

前列。

2.2.2 分校（区）选址呈现聚集性

分校（区）的建设源于高等院校对办学空间的需求，在满足这种需求的过程中也将充分发挥高校对当地社会、经济、文化建设的促进作用，因此分校（区）的选址至关重要，除了高校自身的决定权外，国家的发展战略、地方的城市规划以及企业的联合推动也在分校（区）的选址过程中扮演着重要角色。

在多方影响下，重点高校分校（区）的选址呈现聚集性的特点，也推动了以集中规划、集中建设、集中管理为主要模式的高等教育园区（大学城）的兴建和发展。从学校角度来看，建设分校（区）的目的是拓展办学空间，为学校持续、稳定的发展提供基础条件，但新建校区的投资巨大，作为以非营利为目的的事业单位来说，为了降低建设成本，他们只能选择价格较为低廉的区域。

因此想要在主校区当地建设分校（区），只能选择城市的郊区和周边县区，而那些无法在本地找到合适区域，或在异地有办学需求的高校，则在选址问题上只能依赖当地政府的协助。而对地方政府来说，高等学府的入驻无疑是为了带动周边社会经济的发展，提升地区的文化素养，因此他们为高校提供的位置往往是当地亟须发展的区域。

而为了将高校的带动作用发挥到极致，他们选择将一批高校聚集到一起，期望达到一加一大于二的效果。因此不同城市的高等教育园区便随之诞生，它们的建设过程大都是政府有计划地在城市周边地区或亟须发展地带划出大面积的土地，集中用于各大高校建设校区。通过构建一个以高校为纽带，辐射周边地区，并能够为城市提供集教育、产业和生活服务为一体的城市特定区域。

而国家在这个过程中发挥的作用则体现在对个别城市发展的扶持和推动上，如深圳、珠海、青岛、苏州等一系列新兴城市的发展大都受益于国家强有力的发展战略规划。目前因高等院校建设分校（区）而形成的高教园区（大学城）主要有深圳大学城，广州大学城，上海松江大学城，杭州下沙高教园，重庆大学城，北京的良乡、沙河、昌平高教园，南京国际高教园，山东的长清、青岛、日照大学城以及苏州的高教园等。

在这些高教园区（大学城）当中，有的是由于当地土地资源稀缺，只能在主校区所在市的周边选址而形成的高校分校（区）集中地，如上海的松江大学城，北京的良乡、沙河、昌平高教园；有的是地方政府力邀高校入驻以求带动地方社会经济发展而形成的高教园区，如深圳大学城、苏州高教园等，这也是高校选择在本地建设分校（区）和在异地建设分校（区）而形成的结果。

在主校区当地选址建设分校（区）的高校多位于北京、上海等一线城市，由于土地资源较为珍贵，且地区不同区位位置受社会、经济、政治环境的影响较大，适宜建设分校（区）的地区往往远离市中心，且城市发展规划地区希望通过教育的带动作用，推动该地区的经济发展。这是位于同一个一线城市的众多高校均面临的情况，因此在这些城市分校（区）的建设选址也呈现聚集的特点，例如，北京高校的分校区多集中在昌平及沙河两地，上海高校的分校区集中在松江区、徐汇区和闵行区，南京高校的分校区多集中在浦口区。

而异地分校（区）多选在珠海、威海、青岛、广州、深圳等地，这与当地政府的政策有关，也与城市发展的经济环境有关。20世纪80年代，一些没有高等学校的新兴城市（例如威海）希望拥有自己的大学，因此邀请一些著名高校在自己的城市办分校，如山东大学威海分校、哈尔滨工业大学分校（后改为威海校区）。

而90年代末期产生的异地办学，主要是一些城市希望自己拥有高水平大学和为区域经济提供高新技术的发源地，如珠海的中山大学，深圳的北京大学、清华大学、哈尔滨工业大学、南开大学，苏州的中国科技大学、西安交通大学等高校。同时一些老的异地办学的分校也是在1999大学扩招之后通过规模扩大才真正得到了发展，如山东大学威海分校、哈尔滨工业大学分校（现改为威海校区）。

深圳与苏州两个城市原本都没有国内的知名学府、没有"985"层次的高校，但两地都出现了大学城形式的高等教育异地办学机构，经过十几年的发展，深圳的西丽大学城吸引了清华大学、北京大学、哈尔滨工业大学创建各自的深圳研究生院；苏州的独墅湖高教园区吸引了中国人民大学、中国科技大学、西安交通大学等知名学府创建苏州研究生院或者研究院，实现"同进同出"培养研究生的目标，在办学质量和人才培养方面取得了成功的经验。

高校建设分校（区）选址聚集性的特点不仅有利于各大高校之间资源的共享，学术上的交流以及办学上的合作，更充分发挥了高等院校在人才培养、科学研究、社会服务以及产业推动上的作用。这些高教园区（大学城）在建设过程中充分发挥了他们在当地高等教育发展中的领先优势和集聚效应，加快了高校为本地区经济、文化、社会发展服务的步伐，同时高教园区的建立大力拓展了高等教育的办学空间和发展空间。

更为关键的是,高教园区充分依靠所在地的资源优势,与本地区支柱产业紧密衔接,大大促进了区域房地产业、旅游业、服务业等其他相关产业的发展。同时,大多数高教园区的规划设计基本覆盖城市周边地区,形成具有相当规模的高教园区带,不仅促进周边地区的基础设施建设,也通过人才培养和科学研究带动区域高新产业发展,还能形成政府、学校、企业和社会团体共同参与的多元化投资格局。

例如深圳、苏州这两座城市在谋求城市的新发展时,都以独特的眼光和宏大的气魄瞄准了"高等教育特区"的办学模式,而且深圳和苏州分别处于珠三角和长三角,是我国重要的两大经济区,资源丰富,经济发达,和北方的京津冀共同成为引领全国经济增长的引擎,这些无疑是创建高等教育园区的有利条件。深圳大学城和苏州高教园区既是二十多年来高等教育改革异地办学方面的缩影,也是国内优质高等教育建设的典范,其成功经验值得国内其他城市学习和借鉴。

2.2.3 分校(区)选址多为经济基础较好的地区

从目前已经建设的高校分校(区)的地点来看,多分布在北京、上海、广州、深圳、珠海、西安、天津等经济比较发达的城市,这充分说明了地域因素对高校分校(区)建设选址的影响。尤其对于在异地选址建设分校(区)的高校,经济发展条件和环境则是更为重要的考虑因素,上文提到高校在分校(区)选址时也呈现出聚集性特点。但这些高教园区(大学城)大多形成在经济基础较好的地区,除高校自身的自主选择外,地方城市的引进力度则更为关键,政府及当地企业在政策和经济上的支持与帮助是影响高校选址的最主要因素。

在深圳、苏州的异地办学机构建立与发展过程中，地方政府在多方面都给予了学校很大的支持。深圳市政府在大学城的规划与发展中充当了总体规划和主要投资方的角色，负担大学城的主要建设资金的筹措工作，并为入驻高校的办学和科研活动提供了多方面的服务和政策优惠；

在苏州，政府领导了独墅湖高教园区的规划、建设、引进国内外优质教育资源、招商引资和功能开发等工作，同时为园区的良好发展提供了人才、科技、金融等方面的政策支持。园区内入驻的高校自身条件好，具备异地办学基础。在深圳大学城和苏州独墅湖高教园区内，有清华大学、北京大学、哈尔滨工业大学、武汉大学、中国科技大学等入驻，都是国内的知名大学，学校历史久，综合实力强，办学经验丰富。这些高校自身的良好条件成为吸引各方学子报考的重要原因，也是异地办学的重要基础。

深圳、苏州作为快速发展的城市，一度对外形成的是经济形象，而不是高科技、高等教育形象。为了给城市注入新要素，促使经济与科技、文化协调发展，引进知名高校落地所在城市，就成为解决这一问题的重要途径。

为了促进本地区经济社会发展，提高竞争力，广东省在21世纪初迅速建成了五座大学城（园区），分别为广州大学城、深圳大学城、珠海市大学园区、东莞大学城和佛山南海大学城。进驻大学城的高校达到48所（广州大学城10所、深圳大学城4所、珠海市大学园区11所、东莞大学城19所、佛山南海大学城4所），其中外地高校26所，包括北京大学、清华大学、哈尔滨工业大学、南开大学、吉林大学、华中科技大学、北京师范大学等知名大学。大学城在校生规模已达到27.3万人（广州大学城在校生16万人、深圳大学城5000人、珠海市大学园区7.5万人、东莞大学城2.26万人、佛山南海大学城3万人），涵盖专科、本科、硕士生、博士生和博士后各层次。如今，大学城入驻的高校已成为广东省高等教育的重要力量。

2.2.4 分校（区）办学主体的复杂性

目前对办学主体没有统一的、官方的定义。本文采用华东师范大学张兴《高等教育办学主体多元化研究》中对办学主体的概括，即"在举办高等学校的过程中，以资金等有形资产或以声誉、教材、管理模式等无形资产投入，并参与学校具体办学过程的组织或个人，包括政府、企事业单位、社会团体和公民个人等"。按照办学主体分类，全国119所教育部重点高校、211及985高校的分校区可以分为高校延伸、校地共建、校企共建及高校合并四大类。

高校延伸

高校在办学过程中出于战略发展需要进行办学延伸，在本地或异地建立分校区。高校办学延伸的原因主要有以下几个方面：第一，办学空间不足。如本部位于北京、上海等重点城市的高校，因政府政策、地价过高或空间资源有限等原因，选择在本市非市中心地带或在邻市建立分校区。第二，科研发展的地域要求。如中国石油大学（克拉玛依）、中国地质大学（武汉）、中国矿业大学（徐州）等为了科研学科发展需要，选择在利于学校科研发展的地域建立分校区。第三，完善学校地理布局的需要，如中国人民大学苏州校区，是为面向华东地区建立教学科研基地，提供其新的增长点，面向国际探索中外合作办学和培养高端人才，是为拓展和提升校本部学科优势而建立的基地。又如河北工业大学出于学校地域布局的考虑将校本部迁入天津，但仍保留了廊坊校区，虽几经改革，仍保留了一些本科专业在廊坊校区，保证学校地理布局的合理性。

校地共建

校地共建类的分校区建设均为异地多校区办学，分校区的建设受地方政府的影响较大，大都在地方政府的支持和推动下建设。高校与地方政府合作办学是在高等教育大众化形势下，为解决高校办学资源不足与人们接受教育需求这两者之间矛盾的重要举措。校政共建办学一方面减轻了国家的财政负担，缓解高校办学资金压力，同时也解决了中小城市社会、经济发展所遇到的人才瓶颈问题。高校与地方政府合作进行异地办学，无论对高校还是地方，都是双赢之举。对高校来说，借助地方政府投资的土地和建筑设施，通过低成本扩张，解决了扩招后办学资源严重不足的问题；而对于地方政府而言，引入高校是提升城市品位、改善引资环境、解决人才短缺、促进地方经济发展、满足百姓就近接受高等教育需求的良策。

校政共建的合作办学大多是国内知名大学和一些经济比较发达的东部沿海开放城市的搭配组合。这些城市或经济发展速度很快、水平较高（例如青岛、深圳、苏州），或正在谋求经济社会的快速发展（例如珠海、威海、日照），但它们的一个共同的特点是高等教育资源比较稀缺，尤其是优质高等教育资源稀缺。它们主动引进高等学校来办学，不仅仅是希望提高城市文化品位和知名度，更希望借助引进高校为自己培养急需的和合适的高水平人才，同时也为地方经济社会发展提供"原动力"。所以，一所异地办学的高校是否能在异地成功办学，主要看它是否具有为区域经济社会发展服务的职能。例如，山东大学威海分校建校后，首先是办了许多"培训班"和"委培班"，为威海市培养急需的人才，先后为威海市培训各类在职人员5000多名，有力支持了威海市的建设与发展。学校认识到必须把为区域经济建设，特别是威海市的经济社会发展服务作为自己办学的指导思想，在为地方服务和共建中开拓自身发展空间。在双方2001年11月签订的关于"十五"期间共建山大威海分校的协议书中明确写着"山大分校在专业设置、人才培养、科学研究等方面优先考虑威海市的需要，积极与威海市开展合作，在电子信息技术、海洋技术、生物技术、新材料技术、新能源技术、环保以及节水技术等方面促进科技成果的推广转化"。哈尔滨工业大学（威海）在1995年前后把汽车工程学院从哈尔滨迁过来，就是因为胶东有比较大型的汽车企业和相关产业（黑豹汽车和三角轮胎）。搬迁过来后，教学、科研和科技服务都能紧密围绕区域经济发展服务，为威海的建设服务。特别是近几年，学校利用自己的工程学科优势，为威海市的城市生活垃圾处理、雷达技术、汽车电子技术和交通运输管理等领域提供了急需的技术和科研成果。

校企共建

校企合作办学，是指高校与企业双方以培养社会所需的各类人才为根本目标，在平等、互利、互惠和自愿的基础上，在寻求合理的合作方式的过程中建立起来的一种密切联系、相互促进、共同发展的相对稳定的合作关系。校企合作办学，就是从目前高等教育改革和发展及我国经济社会发展的需要出发，学校主动出击经济建设主战场，企业主动担当人才培养的社会责任，形成人才培养、科技服务、技术创新三位一体、互利共赢的产学研合作的有效运行体制机制。目前，随着经济和社会的进步，人才竞争已逐渐成为国际竞争的核心，特别是高等人才的培养和储备成为我国社会经济持续发展的关键。高等院校为企业技术创新提供强有力的人才智力和技术支持。校企合作办学作为人才培养的重要方式之一，逐步成为社会经济发展与科技进步的助推器。

校企共建是我国高校在近几年进行多校区办学时多采用的形式，随着国家政策的不断放宽以及市场需求的持续推动，尤其是产学研一体化发展的背景下，越来越多的高校牵手知名企业，合作办学，但办学形式较单一，多以单个科研项目或特色专业为基础进行独立学院或研究院办学，办学规模较小。本书在高校研究院一章及其他办学模式调研一章中对企业与高校合作办学进行了具体论述，此章节着重探讨校企合作建设高校分校区这一办学形式。武昌首义学院原为华中科技大学在武昌建立的分校，由华中科技大学和武汉军威文化传播集团合作兴办。高校与企业合作共建校区在具体办学过程中，主要体现在组织机构管理、学生培养模式及学科专业设置等方面。武昌首义学院采用理事会组织机构运行模式，武汉军威教育投资集团董事长现任武昌首义学院的理事长兼党委书记，在专业设置以及学生培养方面充分借助企业的资源优势，对口企业发展培养人才。

深化产学研合作教育是我国高校和企业深度合作办学的核心路径，建立健全校企深度合作办学机制对提升产学研合作效能有决定性的作用。校企深度合作办学在本质上就是产学研合作教育的拓展和延伸，因此，不断完善校企深度合作办学机制必须从我国产学研合作教育体制机制入手，积极推动高校出击社会经济建设主战场，推动企业主动承担人才培养责任，形成人才培养、科技服务、技术创新的三位一体、互惠共赢的校企深度合作长效运行机制。建立健全校企深度合作办学机制能够保障我国校企合作办学健康运行，发挥产学研合作教育效能。

校企深度合作办学机制的建立首先要求政府积极转变角色，构建专门的产学研管理机构，建设服务性科技网络信息平台，对校企合作办学提供制度法规和资金帮助和支持，不断协调和解决校企合作办学过程中的矛盾；其次我国校企深度合作办学的各参与方要充分总结和借鉴国外成功经验，发掘我国现行产学研合作教育体制机制弊端，在经济社会大发展背景下，积极制订和调整校企合作办学的培养计划和培养内容，建设一支理论知识和实践经验丰富的联合师资队伍，共同参与评价人才的培养质量，因地制宜地选择和运用全面参与、阶段性参与、特定项目和顶岗实习等合作办学模式，重点把握校企深度合作办学的动力机制、选择机制、利益分配机制和协调组织机制等合作办学内部运行机制的构建，通过建立校企合作办学委员会、明确校企合作办学规章制度、完善校企合作办学激励政策和健全校企合作办学科学评价体系等措施，使高校和企业形成合力，实现社会资源优化配置，培养出社会需要的高等人才。

2.2.5 分校（区）管理机制的多样性

校区的办学管理主要包括组织结构、管理职能、管理模式等方面，因其关系到一个学校的整体布局和资源配置，直接影响办学效益，而且目前缺乏完整和成熟的经验可借鉴，因此对于多校区高校管理模式和实践的研究具有非常重要的意义。

从理论角度分析，目前我国多校区办学管理分为四种模式：一是以条为主的统一（集权）管理；二是以块为主的分层（分权）管理；三是条块结合的综合管理；四是内部混合的管理模式。"以条为主"是指总部统一实施各校区的教学和管理，分校区没有领导权，其实际上就是主校区的下属学院所在地；"以块为主"是指在总部统一协调之下，各校区相对独立，有各自独立的管理体系；"条块结合"有两种情况，即相对集权式管理和相对分权式管理；"内部混合"是指在一所多校区大学中，同时存在两种或者两种以上的上述管理模式。但从实践角度，很难精确界定高校在多校区办学中具体实施的是哪种办学模式，往往是四种办学模式的混合体，或者是我中有你、你中有我的形态。

以下主要探讨分析办学管理模式的集中表现形式，即组织管理机构，目前高校在多校区办学时普遍采用的组织管理机构主要有三种：校区管委会管理、董事会管理、校长负责制管理（传统的管理模式）。

前两种办学管理模式多出现在异地多校区办学的高校中，而本地多校区办学的高校，由于地理位置上的便利性，以及办学主体的统一性，往往被纳入到校本部统一的管理体系中。很多分校区，尤其是本地多校区的高校，在组织机构管理上多沿用党委领导下的校长负责制。

该管理模式发展时间长，运行经验丰富。一些传统高校主校区的组织管理系统健全且完善，因此在建设分校区时便直接将主校区的管理模式复制过来，当然也有创新部分，例如将管理重心下移，部分权力下放给院系。管理重心的下移能够让决策尽可能地诞生于事件发生地，提高决策的及时性，减少时间上的不必要耗费。特别是对于刚成立的分校区，校级领导不宜过分集权，校级管理重点最好放在大的路线方针、发展规划、组织协调、后勤保障等全局性的宏观问题上面，走出微观管理、事务管理，将部分具体操作与落实的权力下放到院系，因为其实绝大部分实际的工作都是院系管理层甚至每一位一线教职员工在做。院系管理层因对本院各方面事务了解掌握得比较全面、深入，做出的决策也会相对更准确、更贴合实际、更具有可操作性。这种在传统管理模式上的创新是对管理环节的优化，解决一个小区域的管理问题，避免管理重复，功能叠加，确保能够在日常管理上不需要事事向上级请示汇报审批。

例如西南交通大学峨眉分校几乎复制了主校区的组织管理结构，只在办学拓展方面因办学规模不同有所差异。在调研的30所异地分校区中，超过三分之一的高校采用的是校区管委会的模式，近五分之一采用的是理事会管理模式，其余皆沿用了与校本部相同的组织管理机构，或受主校区直接领导，或独立于主校区，拥有较大的自主权。

校区管委会

校区管委会模式作为目前高校进行多校区办学多采用的管理模式，分校区既可作为集权式管理的一环，在主校区的管控下运行，又可享有分权式管理自主性强的优势。

分校区的校区管委会，主要负责统筹分校区各方面的日常管理事务，统一领导、分工负责、协同合作，工作效率较高。由于校区管委会拥有一定的自主权，行政管理人员的工作积极性较高，处理问题的方式更加灵活，在实际工作中可以根据现实情况调整工作方式，避免了拘泥于主校区教条主义的相关规定，从而更具实用效果，也可实现效率的最大化；同时还能在一定程度上减少校本部的管理压力，校本部只需将工作重点放在整体发展规划上，集中精力指引分校区的发展方向。

如上海外国语大学在设立松江校区后，在对其进行管理的过程中始终强调要坚持"集中领导，处室延伸，统一协调"的原则，通过松江校区管理委员会来统筹新校区的日常工作，确保校区建设的稳定发展。新校区一旦发生任何突发事件，都要求领导及相关人员快速到位，快速控制，确保万无一失。在本文调研的30所分校区中，采用的校区管委会管理模式的分校区都属于非独立法人，也就是说其决策和发展最终都受主校区的领导。由此可见，校区管委会管理模式被认为是主校区直接管理分校区的最佳模式。

理事会管理

近几年，随着校企合作的不断深入，高校与企业开始合作办学建设分校区。为了深化企业与高校的联系，保证企业文化与理念能够切实融入高校的建设和发展中，在校企合办的高校中普遍采用理事会管理模式，构建高校与行业企业的有机联系。董（理）事会是大学的最高决策机构，但并不直接干预大学的运行，其主要职能限于大学立法、大学规划、资产管理、校长遴选等。董事会授权校长负责大学日常事务管理；校长是大学的法人代表，校长的权力来自董（理）事会的授权，全权对董事会负责；董事会吸收社会各界人士参与，校外人士作为大学董（理）事会的成员，参与大学的管理。理事会管理模式从政策层面为行业企业支持和监督学校发展指明了方向。

在理事会制度下，与高校发展相关的各方面组织及个人以各自特有的身份成为学校理事会的一员，在平等协商的基础上共同支持和监督高校的发展，享有和承担相应的权利与义务。理事会将政府、企业和高校有机联系在一起，为共同支持和监督学校发展搭建一个良好的制度平台。这样，行业企业就可以市场主体的身份参与学校的建设与发展，而不仅仅置身事外地选择和评价高校；政府也可以投资主体的身份监督学校发展，而不仅仅依靠社会的选择和评价对高校形成压力。

2004年经教育部批准成立的吉林大学珠海学院是由吉林大学、珠海市政府及珠海市华政教育投资有限公司合作建设的分校区，在办学管理上进行创新，采用董事会管理模式，并在董事会下设立顾问委员会、建设委员会和发展战略研究中心等机构，为学校的战略发展和办学决策保驾护航，特邀一批著名高等教育专家、科学家成立了"吉林大学珠海学院顾问委员会",指导学校的发展战略、改革大计、品牌建设等重大问题,不仅保证学校的发展紧跟国家政策、政府战略及市场导向,在提高政府、企业参与度的同时,也提升学校办学决策的科学性。

3 高校分校（区）的建设中存在的问题

分校区建设作为我国高校办学空间拓展的主要形式,虽然从一开始表现出强劲的发展势头和多样化发展的趋势,但是大学不同于一般性的社会机构,其建设更需要相对较深的底蕴、持续稳定的发展和长远可行的规划,这些都是需要我们长期深入研究的问题。异地办学模式在具备很多积极意义的同时,在实践过程中也暴露出了很多问题和矛盾。高校融资本质上是一个资源的合理配置、有效使用问题,是在高等教育与市场经济接轨的基础上,作为独立法人实体的高等院校成为融资主体,并成为汇集政府、公民、企业、社会团体等投资主体共同资金的多元化融资渠道,提高融资和办学效益的一种方式。

3.1 校园文化缺失

大学不同于一般性的教育机构,其维持与发展的一个重要基础是大学精神的传承。大学精神是一所大学的意识支撑和灵魂。大学精神进一步升华凝聚出大学形象,这不仅能时刻激励和鼓舞求学者,同时也能使社会对大学予以充分的认可和景仰。然而多数异地办学的校区中,一切都是从零开始,由于缺少大学精神传承的根基,且受多方面因素限制,很难在短时间内具备与本部相对等的底蕴和内涵,因而导致分校的社会认可度也相对降低。不仅如此,总校与分校的文化氛围反差也相对较大。

所谓文化氛围是指在一定的环境中,通过人的文化活动,创造出浓厚的文化情调,给人以强烈的文化感觉。大学文化氛围指的是弥散于大学内的环境、气氛、传统、人际关系乃至校园中的一草一木之间的一种意识层面的东西以及其物化形态的东西。换言之,学校的文化氛围就是一个学校的社会气氛。它表现为学校的一种集体行为风尚,是一种无形的环境因素,也是一种巨大的教育力量。学校的文化氛围是学校成员长期相互作用的产物,凝结着成员的心理成果,其形成需要艰辛日久的培育、养护,也往往和当地学习氛围、当地人对学习的观点看法、当地政府对学校的领导观念等有关。而这种校园文化氛围一旦形成,在较长的时间内具有很强的稳定性。走出校门的大学生均有体会,校园文化氛围的影响和熏陶往往比课堂上所学对其人生意义来说更重要。

分校学生因地域相隔较远,无法受到本部悠久、古老的优良传统和淳朴而浓郁的学风熏陶,其自我文化氛围也会因历史尚短或受当地民风社情影响而表现出与本部有一定差异。且异地办学的新校区校园人文环境仅处于培育的过程之中,新校区的学子缺少学长们的榜样示范及其所营造的文化氛围,这也是造成底蕴薄弱的原因之一。在缺少同一文化氛围影响的情况下,异地新校区的学子们能否保持与本部学生在精神品格、文化素养上的同质性尚有待探讨。

为实现这种整合,需要做到以下几点:第一,坚持主体性,即要强调总校文化在校园文化建设中的主导地位，坚持一个学校，一个品牌，一个文化传统，一个精神理念。对此，要特别注意充分发挥校本部优秀的文化资源，达到营造良好的校园文化氛围的目的，培育异地校园的师生员工树立对母校的荣誉感、责任感、归属感。也可以采取将新教师送回学校本部培训、研究生在校本部学习一段时间等措施，使新进人员都有机会接受学校传统与精神文化的熏陶，使校本部的精神文化在新校园得到传承与发扬。第二，注重融合性，要认真地把当地精神融入到校园文化建设之中。第三，突出创新性，以创新为导向，在全体师生中形成共同的价值理念和大学精神，使这些校园精神深入人心并为之奋斗。

3.2 师资力量薄弱

能否办好学校，关键在于学校能否拥有一支高水平、高素质、高效工作的师资队伍。名校办分校，在师资配置方面理论上应具有一定优势，即学校有悠久的办学历史和传统、大批的优秀教师及重点学科，还有深厚的文化积淀。但从现实情况来看，在分校建设一支与本部教师水平相当的教师队伍并非易事。这主要有以下几个原因。

首先是交通问题。大学的异地办学校园大多远离主校区，本部的教师无法经常往返于两个校园之间，尤其是跨省异地办学。一般说来，总校教师资源对于分校的供给能力，与总校到分校的距离是成反比的。建校之初，可以暂时由主校区的学科带头人负责教学和师资队伍的建设，如北京大学、清华大学等在深圳办的研究生院就需要本部的老师"飞来飞去"。但是时间一长，教师耗费大量时间和精力，高额的交通费用也会加大办学成本，所以异地办学的分校师资一般主要立足于独立引进和培养。这样做产生的直接后果是主校区与分校的师资整体水平的差距拉大，进而造成分校教学质量与本部院校的教学质量的差距逐渐增大的结果。

其次，异地办学的招生规模增长一般都比较快，教师资源的承载力受到严峻的考验。分校为吸引生源，往往优先大量设置社会急需的热门或应用专业，如计算机、通信电子、外语、市场营销、新闻广告、城市建设管理等，这些专业也是校本部目前师资比较紧缺的专业，虽然可以通过聘请兼职、兼课教师的方式缓解一部分师资压力，但并不能从根本上解决问题。分校所在的地方城市高等教育较为薄弱，高等教育的发展滞后于当地经济建设和社会发展，因此这些专业的师资来源，无论在数量上还是在质量上都不能很好地满足分校高起点发展的需要。此外，分校在初创时期，教师的科研条件和生活配套设施并不十分理想，虽然有名校办学的品牌效应，但在吸引高层次人才方面尚存在许多困难。因而面对异地新校区，不能不让人忧虑的是，异地新校区的工作与生活条件、科研基地及其管理体制、运行机制能否吸引、留住教师，特别是优秀教师任教，是解决师资问题的关键。因异地办学而将异地新校区更多地安排年轻教师的做法，尽管对于师资梯队留有很大的发展空间，但对人才培养来说其结构是否合理尚有待日后验证。

3.3 教学硬件条件不足

相对完善、相当水平的办学设施是大学的必备硬件条件，分校区的办学设施主要存在两方面的问题：一方面，新的教学设备、实验设备及生活保障条件在数量上能否满足招生规模的要求；另一方面，异地办学设施不应该是原校落后设备的处理场，也不是原校设备水平的重复建设，而应适应改革发展需要，着眼未来，注重创新。

依托校本部的学科优势，把校本部若干适合在异地发展的优势学科进行移植，并作为校本部优势学科的一个组成部分，保持与校本部优势学科间的密切联系，使总校与分校在学科建设上形成互补、互助、互动、共进的发展态势，使分校的学科建设呈现"高原效应"，能够高起点、高水平、高位势地切入学科与基地建设。

4　未来发展前景

国内外的经验表明，大学多校区办学都曾对当时的教育事业发展起到过很大的促进作用，对高等教育发展产生过深远影响。由于国情和文化背景不同，国内外多校区大学的经验不能完全照搬。即使是国内的多校区大学，由于多校区形成背景、特征不同，其面临的挑战和管理体制等也不相同。因此，不同类型的多校区大学应结合自己的校情，走出一条适合自身特点的发展道路。对合并型多校区大学，融合是其运行过程中需要解决的最主要问题；对扩展型多校区大学，应走丰富和拓展自己的办学特色之路。

4.1　实施特色化发展

任何一所大学要生存发展，都必须充分认识到自身在地区经济发展中的重要地位和巨大潜能，立足于区域经济与社会发展的实际需要，为地方经济培养、输送和储备人才，为地区创造人文氛围和科技成果，增强地区的吸引力和竞争力。

所谓特色，即"人无我有，人有我优，人优我强，人强我特"的学科发展观念，多校区大学学科布局必须充分反应"特色"，以特色谋划布局，不走学科发展的"趋同"道路。紧密结合当地经济社会发展的实践需要，以创新知识与培养人才为核心，调整优化学科建设，使之在服务区域经济社会的过程中，形成并拓展特色，抢占特色化发展的制高点，促进区域经济与高等教育间的协调发展。

4.2 注重内涵式发展

这类院校大多属于一般本科院校，其主要任务是培养应用型人才。在规模快速扩张之后，多校区大学必须注重内涵建设，特别注重本科教育质量的提高，否则吹大的泡沫就会破灭。大学的内涵不在大楼而在大师，因此，其首要任务就是要加强师资队伍建设，通过引进、培养和学科交叉融合培养高水平学术带头人，构建人才培养的基地和知识平台。确立高水平的培养目标，制定有针对性和操作性的培养方案，增强课程之间的有机联系，鼓励和尊重多样化学习和主动学习，注重经验的综合，强调知识的应用，为实践提供机会并强化学术交流，通过这些措施提高本科教学质量。

4.3 建设"绿色校园"

"绿色校园"是指在实现其基本教育功能的基础上，以可持续发展理念为指导，在学校全面的日常管理工作中纳入有益于降低成本和改善环境的管理措施，并持续不断地改进，充分利用学校内外的一切资源和机会全面提高师生成本意识和环境素养。一校多区的办学格局在开拓新的教育发展空间、提高办学效益的同时，也存在着办学成本明显增加这一现实瓶颈问题。只有解放思想、创新思维，采取科学的方法，解决这一现实问题，才能促进多校区大学持续健康快速发展。开源节流、减少内耗、良性运转是降低办学成本的基本保证；优化网络、信息互通、资源共享是降低办学成本的有效途径；长远规划、异地置换、资源重组是降低办学成本的最直接手段。

4.4 丰富与拓展办学特色

分校区的建设如果仅仅定位在满足新的教学需求以及新的科研需要，这样肯定不会使新校区获得更快更好的发展。如果能够把建立新的校园文化作为建设新校区的一大主要功能，则新校区建设会获得新的生命活力。而如果把拓展与丰富学校办学特色加入新校区建设中来，那么新校区发展必定会实现功能的放大。因此，丰富与拓展办学特色，成为新校区建设的必然现实选择。丰富与拓展办学特色的主要方式有：在新校区建设以及运行过程中，增添新的更加丰富的元素，即在学科专业中深化或交叉融合原有学科专业内涵，或注重新的学术研究传统的形成，或实施新的教学策略，或是增加新的社会服务能力，或形成新的校园文化，等等。这样的多校区建设与运行，会使多校区大学的发展获得更大的空间与更多的资源，也会使新老校区获得新的富有特色的全新内涵。

第三章　过渡时期的国有民办二级学院

1　发展背景

国有民办二级学院是我国高等教育在办学机制方面最早出现的一种办学尝试，诞生于20世纪90年代，主要在江浙地区。不同学者对于国有民办二级学院的定义不尽相同，但都包含这种办学形式的两大主要特征：国有和民办，即依托国有大学办学的同时，在主要经费来源上以财政拨款以外的社会民办资源为主，且按照民营机制创办，拥有较大的办学自主权和独立性。[1]

学界普遍认为我国第一个国有民办二级学院的是天津师范大学在1993年成立的国际女子学院，是一所新颖而又独具特色的院校，由天津师范大学托管，施行师大党委领导下的院长负责制，是国家承认且统一招生，开展非师范类全日制普通高等学历教育的学校，办学体制为国有民办，自负盈亏。天津师范大学国际女子学院的成立不仅打破了原校区单一的学科设

---

[1]　常丽丽：《国有民办二级学院的发展问题及对策》，载《太原师范学院学报（社会科学版）》，2005,(04)：131-133页。

置，发展更为全面和灵活的专业，更为重要的是应对市场需求，培养符合时代特征的高层次女性，开设一些适合女性特点的专业，如现代家政艺术专业、国际经济与贸易专业、艺术设计专业、播音与主持艺术专业等。

这种在办学体制上立体化全方位、在人才培养上瞄准市场需求、在专业设置上实现学科与应用相结合的办学特点是很多国有民办二级学院创办的动力与追求。而国有民办的办学机制也是高校办学拓展过程中的一种创新和发展，在实践中显现出了旺盛的生命力，很多高校和天津师范大学一样，创办了国有民办二级学院，不仅增设了专业、学科，拓展了办学领域，也助力母体学校最终发展成一所综合性大学。

国有民办二级学院这一办学形式是时代变化的产物，也是我国高等教育发展阶段的成果，与我国当时的社会经济发展环境密不可分。当时大部分学校集中发展建设国有民办二级学院都是为了拓宽学科建设，丰富学校的专业设置，努力将学校建设成综合类大学。这一发展方向除了与学校自身寻求进步有关，与国家当时的高等教育政策也息息相关。1985年，国家颁布《关于教育体制改革的决定》，启动了我国高等教育管理体制改革的进程。一些大学加快向一流大学前进的步伐，朝着规模大、学科全的综合性大学方向迈进，不断探索新的办学形式来进一步完善专业发展和学科建设。另一个对我国国有民办二级学院影响深远的国家政策就是高等教育发展要面向大众，即高等教育由以往的精英教育转变为大众教育。1999年1月13日国务院批转的《教育部面向二十一世纪教育振兴行动计划》要求积极发展高等教育事业，同年6月，北京召开全国第三次教育工作会议，决议扩大高校招生规模。为了贯彻全国第三次教育工作会议精神，落实科教兴国战略，我国高等学校连年大幅度扩大招生，而扩大招生也推动了高等教育规模的迅速扩张，普通高等院校的本、专科学生数从1998年的340.87万增长到2001年的719.07万，在校生人数大幅度提高。

"国有民办"二级学院是在拉动内需的经济压力下，伴随着中国高等教育现代化改革而逐步推进，并且诞生在民办教育发展基础较好、经济发展水平较高的苏浙沪地区。"国有民办"二级学院不同于私立学校，其办学的主要特点是"依托母体、相对独立"，即依托母体学科门类齐全、专业覆盖面广的优势，在一个较高的起点上兴办高等教育，并且二级学院也能充分利用母体的教学资源和人才资源。同时，二级学院在办学模式、教学管理、行政管理和学生管理等方面相对独立运作，体现自己的办学特色。因此，"国有民办"二级学院既有"国有"的信誉，又具有"民办"的灵活机制。

国有民办二级学院诞生时期，公立大学出现了比较明显的民营化趋势。世界范围内公立大学民营化趋势的出现，有其深刻的背景和原因，主要是高等教育发展中存在着联合国教科文组织所概括的"三大危机"，即财政危机、质量危机、道德危机。兴办私立高校或公立大学的民营化是试图有效克服这"三大危机"。从中国高等教育的实际状况看，"国有民办"二级学院的出现也有其必然性，主要体现在以下三个方面。

第一，克服教育经费的不足是"国有民办"二级学院产生的一个重要原因。长期以来，我国高等教育的发展是大一统的，跟高度集中的计划经济体制相适应，我国的教育投资体制是单一的，教育投资全部依靠国家单一的投资渠道。随着学校数量的增加，学生人数的增加，国家对教育的负担越来越沉重。1997年全国教育经费总投入为2700亿元，比1996年增长20%，其中财政性教育经费为1970亿元，预算内教育经费为1400亿元。而全国的学生有2.3亿人，其中普通高校的学生有300多万人。把2700亿元分摊到2.3亿学生头上，每年人均教育经费仅1000多元。而目前高校培养1名大学生每年少则需要1万元，多则需要2万元，平均每年每个大学生需要1.5万元。也就是说，国家每年至少要投入480亿元，才能基本满足高等教育发展的需要。因此，目前高等学校办学经费明显不足，国家投入仅占实际支出的1/3到1/2。公立高校兴办"国有民办"二级学院是充分利用社会力量和民间充裕的资金发展高等教育的有效途径。

第二，传统政治制度的约束和经济的市场化发展导致"国有民办"二级学院的产生。长期以来，"公立学校等于社会主义，私立学校等于资本主义"的思想普遍存在，人们对民办高校的办学质量和品牌总是心存疑虑，同时，随着社会主义市场经济体制的确立和经济的市场化发展，愈来愈要求在高等教育中引入市场机制，用市场来配置资源，推进"高等教育的产业化"发展。为了避免不必要的政治风险和减少人们的疑虑，在上述两种力量的相互作用下，"国有民办"二级学院应运而生。而且，"国有民办"二级学院从其一诞生就具备了其固有的优越性，如前所述，"国有民办"二级学院依托母体的综合优势，借助其实力相对独立办学，有人称二级学院是"站在巨人的肩膀上"发展自己，因此，能做到高起点、快速度、质量比较有保证地开展高等教育，深化高等教育体制及教学模式改革。

第三，中国有容量巨大的教育市场，"国有民办"二级学院的兴起是高校对中国教育市场的自发、主动、积极地介入。我国的公立大学长期在一个缺乏竞争的氛围和环境中发展，公立学校的垄断性、封闭性使其早已失去了对教育市场应有的灵敏反应。随着社会经济的快速发展，人们日益高涨的接受高等教育的需求和公立高校发展限制之间产生了尖锐的矛盾，同时，人们对教育主观选择愿望的增强也使得公立高校很难完全满足人们的需要。国外大学纷纷抢滩中国的教育市场，如国外大学在全国各地搞的教育展，就是抢占中国教育市场的具体举措。在这样的背景下，公立高校通过兴办"国有民办"二级学院来扩大招生，增强竞争能力，积极介入教育市场，是一种明智的选择。

2 发展回顾

2.1 概念界定

"国有民办"二级学院自产生之日起，就引来社会的广泛关注，它产生于高等教育实际需要，远超出理论研究的视野，在支持声和质疑声中不断探索前行。由于国有民办二级学院这一新生事物在极短时间内便在全国迅速兴起，对于国有民办二级学院的定义，不同学者给出的答案不尽相同：有人认为"是指在原有的公立高校里，引入民营办学机制，实行国有民营的运作方式，显著特点是具有独立法人、独立校园和独立财务"[①]；也有人认为是指"高等学校把某一相对独立的校园作为国有民办二级学院的创办基地，利用现有的教学资源特别是师资和信誉，或独立或利用部分社会投资设立国有民办二级学院。具有独立法人、独立办学、独立财务、独立校园等特征"[②]；还有"指普通高校创办的或附属于普通高校的、具有制度创新

---

① 魏训鹏：《独立学院发展趋势研究》，载《扬州大学》，2008：66页。
② 万卫：《独立学院产权：近期文献的一个综述》，载《黄河科技大学学报》，2012,14(04)：.3页。

（包括学院的办学体制、管理体制、筹资体制等）和新的运行机制的二级学院"[1]；等等说法，各不相同。

所谓民办二级学院，主要是指国有高校利用多年办学所积淀的无形资产，从社会筹集办学资金，采取民办高校的办学运行机制，授权相对独立于母体高校自主办学，但并不具备独立法人资格的二级学院。这是朱太康在其论文《国有民办二级学院的思考》对国有民办二级学院所下的定义。从中可看出国有民办二级学院是在当时现有制度下最大的创新，将国有办学主体与民办管理、运行机制相结合，最大限度地利用高校教育资源，提升民办活力，将教育市场、人才市场结合得更紧密。笔者一直认为国有民办二级学院是完美地将国有办学主体向民间办学转变的重要过渡阶段。

2.2 办学模式

目前所存在的国有民办二级学院，根据所在地经济发展和教育发展实际情况，形成了各自最适合的办学模式。如将其分门别类，可从四个方面归纳国有民办二级学院的主要办学类型，这四个方面为：资金来源、管理模式、地理位置和创办主体。不同的办学类型都具有对应的发展特征。

2.2.1 办学类型分类

从办学资金的来源上来看，国有民办二级学院主要可分为公立大学独立设置型、民有民办型以及公私合股型三个类型。公立大学独立设置型即办学资金、办学条件、设备均由原公立大学独家投入。这种公立大学独立

---

[1] 彭华安：《独立学院政策问题研究》，载《南京师范大学》，2008：46页。

设置型的国有民办二级学院在具体的运作中有不同的特点，如有的强调二级学院的"四个独立"，即二级学院要向"独立校区、独立财务、独立管理、独立教学"的方向发展；有的只是将二级学院作为一个职能部门，二级学院的学生分散在各个系、部，既无独立的校区，也不进行独立的教学和管理，"母体"学生和二级学院学生的差别唯学费与录取分数高低不同而已。民有民办型又被形象地称为戴"红帽子"型。这类二级学院由私人或某些企业集团单方面投入，因此是比较纯粹的"民有"，这些学校在办学过程中为了减少不必要的政治风险和消除社会对民办的不信任感，自发地在发展中选择了挂靠到某一公立大学的旗下的发展道路。第三种合股型是指公立大学和社会力量按照股份制的运作模式，分别投资入股，双方的责任、风险、收益均按照投资入股的多少来衡量和执行。

从管理模式上来看，一种是董事会领导下的院长负责制。这类学院除了有关办学的大政方针由董事会讨论确定外，其他的诸多管理权力，如人事权、机构设置权等均属于二级学院，以期能真正创造出一种新的制度安排，为二级学院的发展变化奠定一个良好的制度环境。另一种是平移、照搬公立大学原有的一整套管理模式和办法，二级学院只是原公立大学的一个新设置的系、部。还有一种是管理上完全和母体脱离，两者只在"子体"向"母体"交纳一定数量的管理费这一环节上发生联系。

从地理位置上来看，有完全融合型，即二级学院无独立校区，二级学院学生和母体的学生完全融合在一起；有相邻型，即二级学院有独立校区，并且其校区和母体的校区相距较近，在地理上相连或相邻，有关的教育设备和资源因此也能共享；还有完全独立型，"子体"和"母体"的校区相距甚远，"子体"的教育设备完全独立，无法和母体实行资源共享。

从创办主体上来看，国有民办二级学院的分类则更为明确，直接体现了"国有"和"民办"之间的关系，因此这种分类方式也可视作公与私的关系角度。在这两个维度的分类下，一共有公办、私办和公私合办三个类型。

公办即公立高校单独举办的民办二级学院，这也是国有民办二级学院最早出现的雏形。天津师范大学国际女子学校就属于天津师范大学独立举办的民办二级学院，这种为拓展办学而选择的模式是在国有民办二级学院发展初期很多高校的选择。一位大学校长说："凡是拉企业合办的，企业都是要分利的；而我们自己办'国有民办'二级学院，所得学费收入则完全再投入教育。其实，企业对教育的投入大多是从银行贷款来的，那还不如我们直接从银行贷款。"这位校长说的基本也是大部分公立院校自己办二级学院的初衷，主要的办学模式正如这位校长所说先用银行贷款把二级学院办起来，然后再用学费还贷款。采用这种办学模式最大的优点是独立办学，由公立院校自己掌握绝对的领导权和决策权，没有企业参与分利，最大限度地将全部资源投入办学。浙江工业大学之江学院、温州大学仁济学院都是采用这种办学模式。

第二种就是与其完全对立的民办，但为了生存最终被公立学校收编，使其成为自己的二级学院。当前中国高等教育发展水平日新月异，招生市场依然面临激烈的市场竞争，而公立高校凭借其国内知名的优势教育资源，招生向来不成问题，因此出现了一些民办学校为了招生等生存问题，主动加入公办学校旗下，借助公办的声誉解决生存问题。尤其在中外合作办学等新型办学模式对我国教育市场形成冲击的情况下，民办高校办学更是举步维艰，面临激烈的市场竞争情况，不少民办高校举办者选择与公立高校合作，利用公立高校优质的品牌声誉，结合民办高校更多的市场化专业设置，增加招生，就这样民办高校与公立高校联合办学，成为其二级学院。这可谓一举两得，一方面可以使得民办高校继续发展下去，另一方面也拓宽了公立高校的办学规模，填补了专业设置上的空白，从而产生规模效益。比较著名的一个民办影视学院是谢晋恒通影视学院，1993年建校以来，凭借谢晋个人的号召力，招了几期非学历表演学生，但是由于其没有学历资格证书，以后的几年很难招生，生源质量也下降了很多。为解决招生问题，谢晋与上海师范大学合作，在2000年成立了上海师范大学谢晋影视学院。两方均得利，上海师范大学如虎添翼，增加一个有影响力的影视学院，提升高校知名度的同时，弥补了原有缺失的专业，使其学科更加完善，加紧了迈向综合性大学的步伐。谢晋恒通影视学院也因加入公立大学，终于有了资格颁发学历证书，2002年开始还有了自己的本科专业，生源问题得到了根本性的解决。

第三种是公立高校与私营企业联合创办二级学院的模式，这也是最早期的校企合作模式。这种办学模式可以最大化发挥高校及企业各自的优势，将高校办得更好。一些公立高校有着悠久的历史、优良的学风，但受限于硬件设施、资金不足，不能进一步拓展办学规模。同时，不少企业也发现了教育产业良好的发展前景，希望可以参与到知名高校的办学中来，于是共同举办二级学院成为二者最为合适的合作方式。苏州大学文正学院最早创办于1988年，已于2005年改成独立学院，正是由苏州大学和苏州一家房地产开发公司合作举办的。该学院由苏州大学负责教学组织、学校管理及教学计划的制订和实施等，企业则负责全部的硬件投入，教学用房、行政用房、校舍包括后勤管理等。

2.2.2 办学模式比较

上文中已经详细阐述了国有民办二级学院的概念及重要的模式类型，现在我们通过两个维度的对比，让国有民办二级学院的概念更加立体、更加深化。一个维度是与外部机构之间的对比，主要是通过与其他民办高校和新举办的公立高等教育的办学机构进行比较；另一维度是将国有民办二级学院不同的办学模式及办学类型再做深度比较。通过内外两个维度的比较，才能更加区分出国有民办二级学院办学的真正特点及优势，才能做到趋利避害，扬长避短。

国有民办二级学院与其他民办高校和新举办的公立高等教育的办学机构进行比较，其优势非常明显。

第一，国有民办二级学院拥有公立高校长期积累的无形资产——声誉、品牌和校园文化，这是新举办的公立高等院校所不能企及的。众所周知，一个学校的无形资产往往是长期努力才能形成的，其品牌和声誉是一代代的成绩优异的学生及教学成果良好的教师打造出来的，并不能一蹴而就，因此，国有民办二级学院具有先天优越性。

第二，除了无形资产外，国有民办二级学院拥有最核心的优势就是办学自主权，这是其他两者所不能比拟的。国有民办二级学院在招生上、教师的选拔及聘任上、教学计划的制订及实施，甚至包括教学经费的使用和学校内部管理体制等方面都拥有极大的自主权，拥有了自主权，一个学院才能开办富有自身特色的优势学科和专业，才能真正提升办学质量，而从另一个角度说，也可以真正提升学校的资金财力，丰富学校的人才储备，这也是其他两者完全不具备的。

第三，与普通民办高等院校比较而言，虽然相对来说拥有自身办学的主动权，然而在公立学校所拥有的财政拨款、品牌效应、师资条件，最重要的还有生源质量上都处于劣势。

第四，国有民办二级学院是一个起点较高，发展迅猛同时见效也快的新型办学模式，这是结合了另外两者的优势而形成的，并且其他两者在短期内都无法达到国有民办二级学院的成效。

第五，恰恰由于国有民办二级学院拥有这两者的优势，因此在市场机制方面更适应，可以灵活地对市场变化及时调整策略，具有不可比拟的优越性。

综上，国有民办二级学院的办学模式对后来教育发展模式的影响是不可忽略的，这种办学模式完全适应了市场体制，打破了原有公立高校的办学模式，拓展了融资渠道，扩大了办学自主权，实现了民办高校教育资源的最优整合。

2.2.3 各国有民办二级学院间的比较

国有民办二级学院的不同类型都有其独特而鲜明的优势，各种不同类型的国有民办二级学院形成优势互补，各取所需，从而达到发展壮大的目的。不同的国有民办二级学院在办学的时候基本都是从自身实际出发，结合自身优势与合作方优势，走出一条适合自身发展的高质量的办学之路。

以下主要从办学主体的各类型出发进行分析：

校地合作优势明显，高校与地方政府合作是强强联合。当地政府利用高校来增强当地的文化教育实力，充分发挥高校的社会服务职能，而高校也利用政府提供的政策支持、土地、财政等更好地实现自身发展。需要注意的是，高校与政府的合作中一般都会夹杂着一个企业，形成校政企的合作模式,三者分工明确,各自优势明显,对高校发展来说更是如虎添翼。

校企合作也是目前较为常见的一种办学模式。企业看到了教育发展的光明前景和巨大潜力,在教育投资中不仅可以获得丰厚的学费收入,还看到了举办教育中的社会效益及好的口碑,当然也会看到学校发展中的一些商机,比如后勤业务就有不少的利。而高校这方在资金短板上、硬件设施的建设上也需要企业的支持,二者一拍即合,不失为一种双赢的选择。

再有一种比较常见的办学类型就是中外合作办学。引进国外名牌高等教育资源与国内高校合作基本上都是强强联合的模式,这种模式培养出的学生更加具有国际视野,集合东西方教育优点和东西方文明成果,这是国内的其他模式所不具备的。

总之,国有民办二级学院模式的出现,适应了当时高等教育大众化过渡的阶段性特征,是当时高等教育办学模式的一大创新之举。

2.3 组织管理

2.3.1 教学管理

教学工作是学校的中心工作,教育质量是学校的生命,一切工作都围绕教学工作展开。国有民办二级学院在产生之时,由于其特色的办学模式,成为很多高考没有理想成绩的学生的不二之选,因此相对母体公立院校而言,生源基础稍差。为了提高国有民办二级学院的教学质量,必须加强教学管理,课堂教学质量的保证是最基本的。众所周知,课堂教学效率不是单一变量决定的,课堂教学所包含有四大因素:教师、学生、教材、方法,四者是一个紧密的动态系统,要培育专业水平过硬、综合素质高的学生,首先要选择科学性、时代性、逻辑性强的教材,教学内容也要紧跟国家大政方针,时代的变化,做到与时俱进。不断改革教学方法,不断更新教学理念。在教学过程中,要因材施教,遵循学生的认知规律,以素质教育为指导,学生自动参与为前提,自主学习为途径,合作讨论为形式,培养创新精神和实践能力为重点,构建教师导、学生学的教学程序,鼓励学生进行创新思维,使学生的潜能和个性得到最大的发挥。

提升教学质量应当"齐抓共管",除提升教学课堂质量外,加强物质基础的建设也是不可或缺的,教学硬件的完善是教学质量提升的前提和保证,教学设备和辅助条件的完备,教学手段的先进和教学仪器设备利用的高效率,能为教育质量的提高提供保证。

严格教学管理制度,建立健全学校管理体制,在管理过程中要树立"依法治校""以制度治校",做到管理措施到位,管理手段严密,管理制度齐全,从而形成科学高效的管理运行机制。

国内大部分国有民办二级学院院长由本校部主要领导兼任,各个学校也都在探索"依托母体,民办机制,独立运营"的基本管理模式。这种管理框架,实行的是董事会领导下的校长负责制。在这种体制下,董事会是决策机构,主要负责重大的投资管理决策,审核学校的年度计划和纲要,实行对校长的考核和奖惩,不直接参加学校的教学活动;校长由董事会聘任,是董事会决策的执行者,具有足够的管理权限,能够自主地决定学校的教学计划、课程设置、下级员工的任免以及一般性教学开支;学校内部实行校长负责制下的两级管理,并建立完善的组织机构,确保管理渠道的畅通和办事效率的高效。

2.3.2 市场导向的办学指导思想

国有民办二级学院办学的指导思想，应当从高、精、尖的学术要求标准向适应我国高等教育的大众化方向发展，重点培养我国高等院校学生的综合素质和专业水平，由学术型、教学理论、封闭式教育全面转向产教融合，教、产、学、研、用相互融合相互协调，培养适应市场化的应用型高端人才。

国有民办二级学院的办学模式相对我国传统的公立院校的发展模式应当是多样化的，在办学的目标上更加职业化、专业化、市场化，与之相适应的教学内容及教学考核标准也相应随之市场化，教学质量得到提升，教学方法更加注重实践性，而教学方法的实践性是建立在理论基础上的，与市场紧密结合，注重实际操作能力。对教学的评价标准更加系统和完整，紧密结合企业、市场需要培养高素质的学生。

国有民办二级学院办学管理体系需注重坚持多元化办学主体，在坚持国家政策性投资基础的同时，更加注重社会力量办学，广纳社会资本。应充分体现国有民办二级学院在办学时的自主性和灵活性，充分发挥公立院校不具备的民间办学优势，在坚持国家法律法规、教育方针的前提下，接受政府、教育主管部门、社会各界的管理与监督，建立完善的评估、考核和审计制度，坚持自力更生、自我约束、自我完善、自我发展。

2.3.3 "以需定招"灵活调节机制

国有民办二级学院这种新的办学模式的出现，昭示着多元化办学样态的形成，这种办学模式使得之前长期存在的不和谐、不协调的弊端和谐、协调起来。在长期的公立院校垄断高等教育的局面下，一直以来采取供给型的办学模式，自成体系，由政府支持办学，与市场化体系办学格格不入；从经济市场来看，由国家直接出资办学与由市场调节的多元经济主体办学之间不和谐；市场经济发展以来，主要表现为自由性、竞争性和开放性，这与老牌公立院校固守传统的办学模式之间不和谐；高校由国家（政府）出资，缺少相应的办学自主权，明显违背市场经济原则。

因此，国有民办二级学院相对老牌公立院校，增添了办学自主权和灵活性，国有民办二级学院在办学时应始终坚持"以需定招"的灵活性调节机制。在课程的设置和改革、专业开设、经费的适用等方面都以需求出发，"量入为出"，合理制订招生计划、培养方案和建立良性、健康的财务管理制度。在招收学生方面，随着我国高等教育大众化观念的普及，高等院校的逐步扩招，生源也逐渐趋于紧张，同时一些民办高校由于收费较高，较多的学生在高考成绩不够报考公立院校的情况下，国有民办二级学院成为这些学生的首要选择。从市场分配原则来分析一下中国老百姓在高等教育"产品"方面的需求，只要合理做到"以需定招"，国有民办二级学院的前景还是十分广阔的。当然这里不仅仅指国有民办二级学院这种特定办学模式，还包括受这种办学模式所启发的其他注重结合各方优势资源的新型办学模式。

据考察，中国老百姓对高等教育"产品"的需求主要受以下三个方面的制约：第一，目前的高等教育"产品"是否满足个人对高等教育的需要；第二，每个学生及背后所在的家庭的经济承受能力；第三，投入与付出的预计报酬率是否值得，也就是每个人根据自己的需要，衡量自身能够付出的最大接受度以及付出之后所能获得的回报比例。因此根据经济分析的需求，国有民办二级学院只要可以做到制定合理的收费标准、制订符合市场的招生计划，同时保证教学质量和水平，使每一位受教育学生能够有较高的专业水准，就会从根本上解决高校最担心的生源问题。

由于国有民办二级学院创新的办学机制，使得二级学院的专业设置、师资配备以及课程的设置比较灵活、机动，可以按照"以需定专业"的思路进行及时灵活的调整。学生在报考专业时主要的影响因素有两个：一个是个人的兴趣、爱好，另一个是专业是否市场应用性强、就业前景是否足够好，专业的设置紧跟社会发展趋势以及市场需求，成为国有民办二级学院新办学模式成立的主要初衷。许多原有公立院校之所以想开拓新路发展自身，主要在于其自身定位过于局限，导致招生渠道狭窄，限制了自身的发展。打开思路之后，成立国有民办二级学院，增设一些市场应用性强的热门专业，打开招生渠道，解决招生问题，从而解决了学校的发展问题，也奠定了学校的发展方向。这些增设的"热门专业"，往往是紧紧贴合市场发展的新趋势，不仅能够产生新的专业，还能带动传统相关专业的进一步发展，最根本的是能为公立院校的教学质量不断攀升创造新的专业基础。

在课程改革方面，应当以市场需求为导向，坚持"以需定位"，以服务市场为目的，在课程的设置上，将原有基础课打破传统专业的界限，形成全新的课程体系。除原有的专业必修课之外，设计出一套系统的课程设置方案，不同专业、不同学科之间可以进行跨专业、跨学科的课程体系，学生可以从自身专业出发，在自己的学习接受能力范围限度内，合理安排课程，培养自身的综合素质，提高交叉学科的研究能力。

2.3.4 以人为本的教育机制

国有民办二级学院应当始终坚持"教育创造学生价值"的宗旨，将学生利益作为学校的利益，将提高学生的核心竞争力作为学校的最高追求。要在培养学生具有扎实的理论教育的基础上，从职业敏感度、基础专业理论、人际交往能力、动手技能、沟通能力、社会经验、国际视野等多方面全方位培养创新能力和适应能力，适应国际化、信息化时代的需要。

在课程的建设与开发方面，国有民办二级学院要充分利用公立院校母体各学科的优势，组织有关专家学者开展多种形式的课程开发。要适当开设有关强化学生综合素质的公共课程，培养学生的非智力因素。要允许学生根据经济技术的发展和人才市场的需求自由选择课程。要紧跟科技发展的前沿，高起点规划和编写教材，动态更新教材，并适应素质教育和教学改革的要求，加速开发案例教材和多媒体课件，注意在课程内容上进行科学教育与人文教育的双向拓展。

在教学方法的改革与创新方面，国有民办二级学院应积极探索并大胆实施完全学分制、学生选课制及通过等级考试免修制。要积极鼓励并推动教师改变"填鸭式""满堂灌"的教学方式，采用启发式教学、点拨教学、演示教学、讨论式教学、案例式教学、情境虚拟式教学、远程教学和多媒体教学等方式，积极探索讲授法、实验法、实证法、自学法、答辩法等多种方法的有机组合，培养学生的求异思维。学校要提倡通过参观、访问、调查、实习、见习、表演等方式，开展有益活动，培养学生的实际动手能力，培养创新能力。在教学手段的更新方面，国有民办二级学院要充分利用财务自主的优越条件，花大力气改善条件，积极采用图像处理技术、音像处理技术、文字处理技术、电子计算机、音频视频信息媒体等教学手段，为学生营造一个良好的教学环境。

2.3.5 优化教师队伍建设

国有民办二级学院诞生之初，依托母体强大的师资队伍和品牌号召力，二级学院没有自己独立的师资队伍，不少院校将二级学院视为创收的渠道，因此缺乏系统科学的资源配置，对国有民办二级学院的发展是十分不利的，这就需要充分利用民办管理机制，运用灵活的市场配置规则，调配教师队伍的建设，因此，在国有民办二级学院的内部率先采用竞争机制，面向校内外实施岗位教师聘任制，优化教师队伍，还要建立有效的激励机制。一个人能否做出成绩，主要决定于人的能力和积极性两大因素，其中能力因素是一个常数，而积极性则是一个变数，是有赖于诱导、激发的可变因素。二级学院的管理若能充分发挥民办高校灵活的办学机制，就能最大限度地激发教师的积极性，抓住发展的动力。调动人的积极性就需要建立有效的激励机制。在分配问题上，要根据劳动复杂程度和贡献大小，合理拉开分配档次，坚持优质优价的原则，鼓励和支持教师提供优质的教育服务，以充分体现人力资本在教育中的作用。特别是对有突出贡献的骨干教师和学科带头人，要通过多种措施，经常给予关心和支持，以便使他们成为稳定的教学力量，以充分保证课堂教学任务的完成和教学质量的提高。

2.4 制度创新与优势

张武升在《教育创新论》中写道，教育体制是教育的重要组成部分，对教育国有的方方一面面起着制约作用，因此，体制创新是其他方面创新的关键。高等教育要努力适应变革的时代，通过体制的多样化创新，机制的市场化创新，寻求改革与发展的新路。实践证明，国有民办二级学院是高等教育内部深化改革的创新之举，公立院校充分挖掘自身实力，切合实际深入市场，既扩大了办学规模，同时又保证稳步发展，保证高水平的办学质量和水准。

2.4.1 同步并举——外延发展与内涵增长、规模扩张与体制改革有机结合

公立大学举办国有民办二级学院是实现外延式发展的重要举措。由于我国高等教育目前公立院校板块基本已经成型，公立院校想要拓展自身办学规模，适应高等教育大众化的需求，就必须通过外延式发展才能实现短期、高效满足广大学生接受高等教育的愿望。然而公立院校想实现外延式发展就要突破目前的办学体制，势必要进行革新体制办学。

国有民办二级学院是我国高等教育由政府办学向市场转化的过渡形态，是公立院校向市场机制转变，也是民办机制创新的重要尝试，是实现公立院校外延式发展和高等教育大学体制创新的重要阶段。

国有民办二级学院以崭新的形式保证了高等教育的增长，同时又对传统体制、机制做了最大限度的创新，缓解广大学生受教育的需求与有限的公立院校之间的矛盾。如浙江省依靠创办民办二级学院，招生规模以每年20%的速度快速增长，2001年浙江省本科生入学人数达到5万人左右，毛入学率由1998年的8.9%上升到2001的15%，高考录取率也由1998年的35%上升到2001年的68%，基本进入高等教育大众化阶段，实现了高等教育的跨越式发展。

举办国有民办二级学院是高校内部想要实现内涵式增长的必要之举。国有民办二级学院通过探索与以往不同的办学模式试图使目前的教育结构

实现最优化，重新布局高校结构，最大限度地挖掘现有教育资源，提高教育资源利用率。国有民办二级学院是尝试将目前手中的一些教育资源拿出与社会资源相结合，或者是将优秀的民办学院的资源合并到公立高校内部，从而实现公立高校自身的内涵式发展。

在前文中也比较过，国有民办二级学院与其他类型的办学模式，比如新举办的公立院校或者其他民办院校相比，具有此阶段不可比拟的优越性和最大潜力。国有民办二级学院是吸收了公立高校巨大的教育资源，比如多年累积下来的品牌资源、财政拨款、口碑信誉以及由此带来高质量的生源，以此来吸引社会资本。这样可以完全发挥民办高校的灵活性，民办高校与体制内的公立院校不同，其最大的特点就是拥有办学自主权，这样一种结合外延式发展与内涵式发展于一体的办学模式，既立足于市场，可以充分调动社会资源，又充分发挥了公立院校的独特优势，扩大了公立院校办学规模，同时又保证了办学质量的提升，可谓是体制改革与办学规模扩张同时并举。

2.4.2 优势互补——大学的智力优势与适应市场体制的筹资优势相结合

国有民办二级学院既不同于同时存在的民办院校。也不同于新成立的公立院校，而是处于两者之间的状态，既是结合体又独立于两者之外，这种办学模式打破了由1952年以后全部由国家统一投资办学的状态。立足于公立院校的教育资源、长期以来维持的品牌优势以及办校理念等无形资产，结合社会力量办学，吸引社会资本，站在公立院校的肩膀上创办国有民办二级学院，由于其起点高、资源丰富，在短期内就有显著成效，形成了不小的规模。

国有民办二级学院还有一个最大的优势，就是结合了民办教育的特点，这样国有民办二级学院在办学的招生、专业设置、教学计划的制订及实施、教师的招聘、人事的选拔等多方面具备完全自主权，这是公立院校所不具备的，这种办学模式实现了公立院校与民办院校的最佳结合，打破了原有的鸿沟。

高等教育办学主体中增加了社会力量，对我国目前高等教育的发展现状来说是十分有益的，这有利于推动高等教育体制的改革，同时也使原来公立院校独大的教育资源市场充满竞争，不同办学主体之间进行良性竞争，打破公立院校的垄断局面，提升办学质量的同时也提升了公立院校的办学效益。

公立院校由于拥有悠久的办学历史，内涵丰富的办学理念以及沉淀日久的校园文化，在办学方面比民办高校更能保证办学质量。国有民办二级学院正是在公立院校的基础上举办的，这在办学的起点就保证了办学质量的超高水准。

国有民办二级学院所具有的高起点、好资源、收效显著等短、平、快的特点，一方面盘活了整个高等教育资源的大局，另一方面从根本上保障了办学的质量和水平，必须认识到这是一般的民办力量办学所不能实现的，这也是符合当时高等教育发展现状的最好办学模式。

2.4.3 渐进改革——存量不变，增量调整

在进入新目标之前，教育的渐进发展是绝对重要的，它是一切突变或革命的条件。国有民办二级学院有利于在高等教育体制创新中更好地体现和实现多样化，有利于我国高等教育进行"渐进性"改革和向"双轨制过渡"。这就是说，在原有高等教育体制存量基本不变的情况下，在增量部分

首先实行新体制,然后随着实行新体制的部分在高等教育增长总量中的比重不断增大,逐步改革原有体制,最终向新体制过渡。国有民办二级学院很明显就是采取在我国现有高等教育存量保持稳定的大背景下,结合当时实际的高等教育政策大环境适当调整增量。因此,国有民办二级学院是一个历史阶段的产物,且其最重要的特征就是过渡。现在再看当时国有民办二级学院的产生,就是从原有国家政府统一办学下的高等教育到独立学院的中间过渡阶段,这一小小的增量变化对我国高等教育格局的影响却是显著的。

创新出国有民办二级学院这种模式在资金来源问题上解决了当时限制高校进行规模扩张的重要问题。但实际上国有民办二级学院的出现,是从原有国家统一办学的公立大学垄断教育的格局中打开了一个缺口,形成了目前不同办学模式同时并存、相互促进、相互竞争的高等教育的全新格局。

国有民办二级学院的发展在很大程度上推动了中国高等教育体制改革,关键在于这个缺口的打开不仅打开了高等教育举办主体的新空间,也打开了人们投资发展高等教育的创新观念、新思路和全新的运作机制。

国有民办二级学院想要真正从这个撕开的口子中谋得一席之地,必须切实做到创新管理体制、机制,努力打造自身特色,注重借助公立院校的"东风",同时将民办的优越性完全发挥到位,才能真正在走向市场的时候培养出适应市场的实用型人才,才能巩固国有民办二级学院的独特优势。

2.4.4 权利转移——"国家模式"向"社会模式"转变

从教育与政府的关系、教育与社会自主联系的角度,我们把高等教育分为两种模式类型:国家模式和社会模式。所谓国家模式,就是中央或地方政府办学，负担办学的全部或绝大部分费用，控制办学的所有权力或绝大部分权力，具体说它有五个主要特征：政府承担全部或绝大部分办学经费；中央集权；指令性计划；统一办学，办学形式的单一性；办学者和受教育者的非权利化。社会模式是指政府与社会力量共同办学，或社会力量独立办学，它也有五个特征：政府与集体、个人共同分摊教育经费或社会力量承担全部经费；权力分散化；社会预测与市场调节相结合；办学形式的多样化；投资者的实质性参与。

举办国有民办二级学院时，我国正处于刚刚改革开放后，市场经济环境正在逐步建立，随之而起的高等教育环境也是发生了市场性的变化，努力探索与市场经济相适应的崭新的高等教育机制。

要想实现"国家模式"向"社会模式"的转变，在举办高等教育方面的体现就是由国家统一对学校的"包分配"转向市场化办学，从经费这个角度来看就是由原来的国家全部承担经费的计划性招生过渡到经费由个人全部或者部分承担。国有民办二级学院在创办过程中，吸收了民间资本，所以在收取学费时二级学院是有其自主权的，这部分学费由国有民办二级学院自己控制，这有利于完成由国家模式向社会模式的转变。

综上所述，国有民办二级学院是高等教育由单一的公立院校办学格局向市场化转变的重要过渡阶段，推进了我国高等教育向教育产业市场探索的新进程。通过引入民间力量办学，引入市场竞争机制，有利于促进高等教育办学环境的公平性和竞争力。同时由于"增量"的增加，办学院校增多，适应了高等教育大众化发展的需求，也满足了广大学子接受高等教育的愿望。

国有民办二级学院实现了教育结构的调整和优化，深化教育改革，创建了多元办学格局,并搭建了与之适应的融资渠道,让高校拥有办学自主权,具有不可忽略的体制创新意义。

3 问题分析

尽管国有民办二级学院拥有诸多优势,但这种办学拓展模式在发展过程中也呈现出了诸多问题,这些问题也最终导致了它的消失和改革。

3.1 产权问题

产权包括财产的所有权,财产所有权派生出财产支配权和财产增值的收益等等。处理产权关系必须严格遵守有关产权关系的法律规定。

按照产生顺序来说,应该是先出现了关系,才有了处理关系的规定,产权关系也是这样,先出现了产权关系,于是出现了规范产权关系的法律条文。相反,如果先行制定了法律条文,再让已经存在的产权关系去适应法律规定,显然是不合理的。

改革开放以来,公立、私立教育之间,无论是筹资、产权、管理还是经营,这些方面的分界都是比较模糊的。有些学校名义上来看是由政府管控,实际上接受了大量非政府来源的资金,而且实际上也是部分或者干脆完全不由政府管理。相反地,有些学校名义上是团体拥有,而实际上接受政府的补贴,而政府也对这部分学校进行控制。随着高等教育大众化程度的提升,不同主体办学、多元模式办学层出不穷,在创新学校办学类型、提升办学质量的同时，也应规范好产权关系，这也是为以后良性发展打下坚实的基础。

现在来看，当时的国有民办二级学院普遍都存在产权界定不够清晰的问题。在发展初期、规模尚小时这些问题还不严重，尤其随着办学规模的扩大，财富积累到一定程度之后，一定会存在产权上严重的经济纠纷，后患无穷。因此，在国有民办二级学院创办之初，就要声明其产权的性质和归属，一方面可以有效地避免后续的经济纠纷，另一方面也在创办之初就明晰了学校的办学方向。

3.2 立法问题

国有民办二级学院的发展还遇到了法制滞后的问题。一方面，国有民办二级学院的办学体制与现行法律的某些条款相冲突。例如《教育法》第25条规定，"任何组织和个人不得以营利为目的举办学校及其他教育机构"，而民间资本投资国有民办二级学院的目的有营利的成分，二者存在一些冲突。另一方面，国有民办二级学院运作过程的许多方面，包括学费价格的制定、学校设施的标准，教师的聘用与报酬的支付，利润的分配等，都依靠随意性很大的行政行为进行管理，缺乏必要的法律规范与监督，这势必会影响国有民办二级学院的发展。实际上，国有民办二级学院造成了一所大学、两种制度的局面。如何确定这类学院的法人地位、如何在法律上规范其与所属大学的关系，值得商榷。2002年12月28日第九届全国人民代表大会常务委员会第三十一次会议通过的《中华人民共和国民办教育促进法》在相关问题上也缺乏操作性。

3.3 优质师资匮乏问题

改革开放后，当时有一些所谓的"热门"专业，比如金融、计算机、英语等，这些专业的设置适应了市场的需求，十分受学生欢迎。新成立的国有民办二级学院为了紧紧抓住生源，往往开设的都是贴合市场的专业，但是将专业集中在市场的热门专业上，就会出现缺乏稳定的师资的问题，无疑会给教学质量带来隐患。

国有民办二级学院的教师队伍主要由公立院校的部分在职教师、部分离退休的老教师和一些在读的研究生组成，这些老师与学院签订的大都是一些比较短期的劳动合同，主要以兼职为主，缺乏长效的考核和激励机制，而且极为重要的是，学院的这部分老师缺乏对学院价值观的认同感，这样会导致老师教学的积极性和热情不高，容易导致教学质量的下降。

3.4 教育质量问题

国有民办二级学院的教育质量问题，主要来自两个方面，一个方面是来自源头即生源质量问题，第二个方面是教育控制过程质量、水平不高。

首先，从生源上来看，国有民办二级学院不能像普通的公立院校一样招收进高考分数高的学生，大多是分数只可以选择民办高校的学生，这部分学生比同在一个牌子下的公立院校同时期录进的学生有的甚至低了一百多分，这就为教育质量的提升带来很大的难度。即便如此，国有民办二级学院也必须积极招收这些学生，因为就算这样不算优质的生源都要与其他民办院校竞争，招生难度不小。

我们来分析一下当时各高校对生源的竞争。随着高等教育大众化的普及，大学扩招的高峰期会逐渐过去，并不会突然增长的人口，并不能保证持续不断的生源；同时，大学扩招也是国有民办二级学院招生的重要竞争对手，会挤压二级学院的招生空间；改革开放以后，国外大学也在积极抢夺中国生源，对国有民办二级学院形成也是不小的压力。

其次，国有民办二级学院的教育质量在教学控制过程中很难得到改善，上文提到教师质量不能保证，办学的立法和管理秩序都是刚刚形成，国有民办二级学院的办学模式尚处于成长阶段，有很多问题亟待解决，教育质量的提升就是其中一个。

3.5 毕业生就业问题

随着高等教育大众化的进一步成熟，大学的扩招带来的弊端也逐渐显现出来，大批的大学生毕业涌入市场，而我国对于人才的需求基本是稳定的，这两者之间存在着不可调和的矛盾。上学时的高学费与毕业后的低收入使很多学生降低了接受高等教育的期望值。

国有民办二级学院从根本上说是解决学校内部发展的矛盾，更由于其处于过渡阶段，教育质量较差，国有民办二级学院的出现时间也较短，学生的各种就业渠道还不够完善，加剧了二级学院学生就业难的问题。

3.6 收费问题

一些学者认为，我国居民存款的首要意向是子女的教育支出，这表明老百姓有负担高额教育费用的能力。但需要澄清的一个问题是，存款总额不足以说明全部问题。据世界银行1998—1999年度的发展报告，我国1995年的基尼系数已经超越了国际警戒线，居民个人存款的60%为20%的人所有。这意味着只有少数富裕家庭能支付昂贵的教育费用。即使城市中的工薪阶层，支付这笔费用也感吃力。如果勉强支付，他们也不得不压抑其他方面的基本消费，而教育从投资到收益的周期是很长的，这与当前政府急需刺激消费的初衷背道而驰。

4 消失与转换

4.1 启发与意义

国有民办二级学院，从举办主体、管理机制、运行方式综合来看，确实是高等教育大众化的重要发展，也是多元主体探索高等教育办学新模式的重要尝试。正是由于由此开始与市场机制的结合，导致教育的无偿性与市场的营利性之间不可调和的矛盾，正确处理好这二者之间的矛盾，才是办好国有民办二级学院的关键所在。

从管理机制来看，对国有民办二级学院来说，一般投资主体都不是单一的，往往是几者共同举办。除了多方共同领导之外，还需注意党委领导的问题。大学的领导和管理机制和企业一定是不同的，怎样更好地运作国有民办二级学院，需要建立完善的领导体制，比较理想的是由党委领导，由大学主要负责，由企业监督。另外，除了领导体制之外，还要建立一套与领导体制相配套的管理运行机制，这套完善的运行机制一定既要有高等院校的纪律性、规范性，又要体现民办高校的灵活特点。

尤为关键的还是规范好国有民办二级学院的投资体制，明确学院内部的产权关系，尤其有企业或者其他个人投资办学的，要明确产权关系更加重要。比如个人投资的产权应归为个人所有；企事业单位投资的应归于企事业单位所有；企事业单位与个人合股的，就应该根据其投资比例明确好投资关系及产权关系。除此之外，应该建立起独立的财务核算制度、财务会计制度，规范教育的评估体系等。

综上，国有民办二级学院作为时代的产物，同时也是多元化办学的新尝试，在高等教育体制改革的进程中起到了其应有的作用。作为对高等教育发展有利的办学模式，应该在发展之初就规范其办学方向，端正办学目的，制定规章制度和法律法规使其有章可循，少走弯路，从而最大限度地发挥国有民办二级学院的自身优势和特色，结出更丰硕的果实。

4.2 消失与转换

4.2.1 高等教育办学模式新发展：从国有民办二级学院到独立学院

1998年，教育部提出高校大规模扩大招生的要求，浙江某些公办学院受限于自身专业、学科设置等原因无法扩招，然而，在中央政策的支持下，浙江由于其经济发展及社会人才结构需要，急需高校扩招缓解当地人才需求压力，与江苏省率先开始民办二级学院的试点工作。随后，国有民办二级学院逐渐兴盛起来。

国有民办二级学院对江苏及浙江两省的高等教育发展起到了重要的推动作用。在2001年，"浙江省二级学院的招生就超过了2万人，使得浙江省的毛入学率达到了15%，基本达到高等教育大众化阶段"。2003年，浙江"全省25.2万本科在校生中，在民办二级学院就读的本科生就达到8.64万人，占1/3"；江苏省普通高校设置的民办二级学院达到43所；2002年，仅江苏省的民办二级学院就计划招生4—5万人，其中苏州大学的文正学院就招生1500人，在校生规模将达到6000人以上。

随着民办二级学院的逐步发展，其弊端也日益突出。由于其本质上就是一种过渡，所以不可避免地存在很多由于制度不规范而产生的问题。比如有的高校在校内办二级学院，变相增加名目收费；再有颁发学历不统一，因为并没有制度或者政策去规范，导致各个学校都根据自身学校情况颁发学历；还有法人、产权这类法律关系不明确的。这些问题的不明确，在社会上产生很多疑惑，学历证书的认可程度、学院的身份存疑及学费的计算等，影响到民办二级学院的发展。

鉴于国有民办二级学院的种种弊端，为规范此类行为，教育部于2003年出台了《关于规范并加强普通高校以新的机制和模式试办独立学院管理的若干意见》，从此"国有民办二级学院走上了转型之路——成为真正的独立学院"。

4.2.2 国有民办二级学院与独立学院的区别

独立学院和国有民办二级学院的区别在于：独立学院是公办高校与社会力量联合举办的高校，二级学院是普通公办高校内部的一个教学单位，学院的人事、财政、教学等均由上一级组织机构领导，所以我们又称之为大学内部学院。因此独立学院具备众多普通公办高校二级学院所不具备的权利，如颁发本学院的学历文凭、独立的法人资格、独立招生、独立办学和具备独立的管理制度。具体表现如下。

第一，学历、学位证书的颁发。国有民办二级学院毕业生颁发的证书存在不同的形式，有的学院学历证书由自己学院颁发，有的由母体高校颁发，有的由学院和母体高校一起颁发，但学位证书一般是由母体高校颁发。而独立学院要求证书由学院独自颁发。

第二，地位有别。国有民办二级学院很多不具有法人资格，是不具有完全民事责任的办学实体。而独立学院必须要具备独立的法人资格，这就避免许多问题的产生。

第三，招生有别。由于国有民办二级学院其特殊的性质所限，不能单独进行招生，一般都是纳入母体高校的招生计划。而独立学院不一样，必须独立进行招生。

第四，制度有别。国有民办二级学院多半实行的是"一校两制"，即一所学校同时共存国有国营、国有民营两种经营体制。国有国营按公办学校办法经营；国有民营按自费学校、私立学校的办法经营。而独立学院，虽然是由公立高校负责教育和管理，但它本身是一个独立办学实体，"从二级学院到独立学院，实质是由模糊的'民办'转为彻底的'民办'"。因此，从实质上说，独立学院是一种民办性质。

所以，国有民办二级学院与独立学院不是完全对立的。应该说独立学院是国有民办二级学院的一种特殊类型或者规范类型，前者较后者要求高，范围窄。如果按照集合的观点来看，独立学院应该是国有民办二级学院的一个子集，它包含在国有民办二级学院这个大集合之中。

第四章　独立学院的发展历程与未来方向

20世纪90年代，中国高等教育开启了快速发展的大众化进程，为进一步拓展高等教育办学的模式，诞生了国有民办二级学院等新兴办学形式。随着国家高等教育事业的发展，又出现了国有民办二级学院的进一步发展的形式——独立学院。根据2003年教育部颁布的《关于规范并加强普通高校以新的机制和模式试办独立学院管理的若干意见》中的定义，"独立学院""专指由普通本科高校按新机制、新模式举办的本科层次的二级学院"。

独立学院虽然起步较晚，但是目前已经成为我国高等教育事业发展过程中重要标志性形式之一。

2004年，教育部正式批准确认第一批249所独立学院，这标志着独立学院这一新型办学形式正式进入中国高等教育体系，当时全部独立学院的在校生人数是68万人。到了2010年，根据教育部发布的《2010年全国教育事业发展统计公报》："全国普通高等学校2025所，在校生2231.79万人。独立学院323所，在校生260.31万人。独立学院占普通高等学校在校生人数的11.66%"。独立学院数量6年间增加了74所，仅比2004年增加了29.7%，但是在校生人数却增加了192.31万人，比2004年增加了2.8倍多。这说明，独立学院的办学数量虽然增长不快，但是其办学规模飞速增长，已经发展为我国高等教育主要办学形式之一。这也说明了独立学院的办学模式得到了人民群众和社会的认可。

截至2016年，由于转设、停办等原因，独立学院数量有所减少，由2010年的323所降至275所，但是其总数仍占全国普通本科高等学校数量的22.5%，其所拥有的教职工人数占全国普通本科高等学校教师总数的10.2%，本科在校学生和毕业生分别占全国普通高校本科学生的16.9%和16.4%。由这些数据可知，独立学院已经成为我国高等本科院校的重要组成部分，它的发展为我国的高等教育事业发展做出了重要贡献。

1　发展的动因

随着我国改革开放的不断深入，经济不断发展，高等教育发展进入到一个历史性的转折与发展的新阶段。受国家政策的调整，高等教育大众化定位带来的入学门槛降低，适龄人口增多等一系列因素的影响，人民群众接受高层次及优质高等教育的期望值迅速提高，对高等教育发展提出了新的要求，独立学院应运而生。

从国家政策的宏观背景来看，独立学院是在国家对民办高等教育态度由"严格控制"向"积极鼓励"政策下产生与发展起来的。高等教育发展定位由精英教育转变为大众教育。国家经济和人民生活水平的提高，直接导致了人民群众对于接受高等教育的迫切需求，然而长期接受国家财政资金支撑的高校无法提供足够的资源满足人民的需求，客观形势要求高等教育发展由单一模式转变为多元模式，这一切都为独立学院提供了发展的现实基础，直接推动独立学院在短时间内实现了跨越式发展。

1.1　国家教育政策由严格控制转变为积极鼓励

1992年，邓小平同志的南方谈话中提出，不要纠缠于姓"资"还是姓"社"的问题讨论。改革开放的判断标准主要看是否有利于发展社会主义社会的生产力，是否有利于增强社会主义国家的综合国力，是否有利于提高人民的生活水平。同时，邓小平同志在有关经济领域的讲话中提到对民办教育要"积极发展，大力支持，争取引导，加强管理"的"十六字方针"，从高等教育发展的角度讲，也成为民办教育的发展重要契机。

国家为鼓励社会力量办学，丰富我国高等教育办学形式，在"独立学院"这一办学模式出现之前，就已经出台了一系列教育政策，鼓励兴办民办教育机构，促进民办教育事业的发展。

1993年1月，国务院批转国家教委《关于加快改革和积极发展普通高等教育意见的通知》明确提出，"改革原有的国家包办高等教育的单一体制和模式，探索适应社会主义市场经济体制、调动社会办学积极性、多种形式和途径发展高等教育的新路子"。这从国家政策的层面，明确了要积极支持社会力量办学，这为民办高等教育的发展定下了基本的调子。

1997年国务院颁布的《社会力量办学条例》，将"社会力量办学"进一步界定为"企事业组织、社会团体及其他社会组织和公众个人利用非国家财政性教育经费，面向社会举办的学校及其他教育机构"。这一概念的明确，为民办高等教育的发展厘清了概念上的模糊认识，同时也明确了民办教育的定义。这一条例的颁布也标志着我国民办教育开始进入依法办学、依法治理、依法行政的时期。

1998年《中华人民共和国高等教育法》和1999年中共中央国务院《关于深化教育改革全面推进素质教育的决定》等一系列相关政策法规的出台，明确要求"进一步解放思想、转变观念，积极鼓励和支持社会力量以多种形式办学……凡是符合国家有关法律法规的办学形式，均可大胆试验，在发展民办教育方面迈出更大的步伐"。这些国家政策文件表明，国家教育政策中涉及民办教育的部分有了重大变化，国家对民办高等教育的态度由"严格控制"变为"积极鼓励"。

1999年，国家希望通过高等教育的扩招，解决经济和就业的一部分问题，因而明确提出了扩大普通高校本专科院校招生人数。这些政策的重大调整，为独立学院在短时间内的空前发展，奠定了基础，直接推动了独立学院跨越式的发展。

2002年我国颁布了《中华人民共和国民办教育促进法》，明确把民办教育事业定位为公益性事业，是社会主义教育事业的组成部分。

在前期一系列政策法规的基础上，2003年教育部颁布了《关于规范并加强普通高校以新的机制和模式试办独立学院管理的若干意见》，要求各地继续有步骤、有计划地推进独立学院的试办工作，不断规范办学行为，确保独立学院的健康、持续发展。这些政策法规都从政策和法律角度给予民办教育以大力支持，使得独立学院的合法性得到了明确，存在和发展的意义得到了肯定。

2008年，教育部颁布了《独立学院设置与管理办法》教育部令第26号，涉及独立学院设立、组织活动、管理监督、变更终止、法律责任的问题，进一步规范了独立学院办学。

2010年国务院审议通过了《国家中长期教育改革和发展规划纲要（2010—2020）》，民办教育被视为教育事业发展的重要增长点和促进教育改革的重要力量，纲要明确指出要大力支持民办教育，各级政府应把发展民办教育作为重要的工作职责，鼓励出资、捐资办学，促进社会力量以独立举办、共同举办等多种形式兴办教育。这为独立学院的未来发展提供了相应的政策保障。

1.2 高等教育定位由精英教育转为大众化教育

长期以来，我国高等教育的定位一直是精英教育。从清政府时期开始，到民国时期和新中国刚建立，我国的高等院校招生都是有着极其严格的选拔机制和更加严格的招生人数限制，这直接导致了极低的录取率。凡是被录取就读的学生，无一不被社会视为精英。

从1977年开始，中国大学开始恢复高考招生，大学的录取率一直处于较低水平。1977年高考报考人数570万人，录取27万人，录取率约为4.8%；1988年272万人报考，录取67万人，录取率约为24.6%；1998年高考报考人数320万人，录取108万人，录取率约为33.8%。如果从高等教育毛入学率的角度看，则更低，1978年，中国的高等教育毛入学率只有1.55%，1988年达到3.7%，1998年升至9.76%。国际上通常认为，高等教育毛入学率在15%以下时属于精英教育阶段，15%~50%为高等教育大众化阶段，50%以上为高等教育普及化阶段。

1999年，教育部出台的《面向21世纪教育振兴行动计划》中提出，到2010年，高等教育毛入学率将达到适龄青年的15%。这标志着国家对于高等教育的定位由原来的精英教育转变为大众教育。1999年6月，北京召开全国第三次教育工作会议，决议扩大高校招生规模，之后我国高等教育每年均以17.8%左右的速度扩大招生，由此不同层次的高等学校的数量均成倍增长。我国高等教育的毛入学率从1998年的9.8%上升到2008年的23%，在十年内增长了一倍，但随之带来的问题就是高等教育资源的严重不足。一方面，人民群众高度渴望接受高等教育；另一方面，由国家财政拨款支撑发展的高等院校无法在短时间内满足人民群众的需求。而独立学院却能够在短时间内缓解这种矛盾，这也是独立学院这一办学模式诞生的最主要也是最根本的动因。可以说独立学院快速发展时期，是我国高等教育由精英化教育转向大众化教育的时期。

1.3 人民群众对接受高等教育的要求由梦想转为迫切需求

在改革开放初期，中国的经济基础较为薄弱，人民群众的生活水平较低。1978年中国的GDP为3645亿元，城镇居民可支配收入为343元，农村居民人均纯收入为134元。由于计划生育政策刚刚开始推行，每一个中国家庭依然有多个孩子。有限的经济收入需要养活较多的家庭人口。那时候，人民群众的基本需求就是解决温饱问题，对于子女接受教育，基本没有什么需求。加之当时的高等教育定位为精英教育，每年高校的招生数量极少，大学是高高在上的象牙塔，只有极少数人才能够进入，对于大多数家庭来说，那是一个遥不可及的梦想。

随着中国经济的飞速发展，到了2000年的时候，中国的GDP已经达到100280.1亿元，城镇居民可支配收入达到6280元，农村居民人均纯收入为

2253元。计划生育政策推行了20多年，全国绝大部分家庭都只有一个孩子了。一方面，收入的增加使得人民群众的温饱问题得到了根本性的解决，另一方面，全家只有一个孩子，父母双方加上双方家庭，六个人养育一个孩子，使得全民对孩子的教育问题提到了前所未有的高度上。

在经济收入不断提高的同时，我国家庭消费支出的结构也发生了巨大的变化，最为直接的体现就是恩格尔系数不断降低。恩格尔系数（Engel's Coefficient）是食品支出总额占个人消费支出总额的比重。1978年，我国城镇居民家庭消费的恩格尔系数为57.5，农村家庭为67.7。到了2000年，城镇居民家庭消费的恩格尔系数为39.4，农村家庭为49.1。这说明，我国家庭消费中的食品支出占比不断下降，而中国的老百姓自古以来都重视教育，在解决基本的温饱问题和生存问题之后，对孩子教育的需求变得非常迫切，其中一个最直接的表现就是孩子必须上大学，接受高等教育。

1.4 我国高等教育发展由单一模式转为多元模式

2002年，中国共产党第十六次全国代表大会召开，大会的报告指出："教育是发展科学技术和培养人才的基础，在现代化建设中具有先导性、全局性作用，必须摆在优先发展的战略地位。"这就要求我国高校加快培养和造就大量的专门人才和大批拔尖创新人才，这对高等教育在量的发展和质的提高方面提出了更高的要求。

从人口发展的现实情况看，1981—1990年为新中国第三个人口高增长阶段。由于20世纪60年代初"第二次人口生育高峰"中出生的人口陆续进入生育年龄，人口出生率由1980年的18.2‰、1981年的20.9‰，达到1987

年23.3‰的峰值。1981—1990年人口净增1.43亿，平均年增长人口1584万，1990年总人口达到11.43亿。而这期间出生的人口，经过18年的养育，最早于1999年，最迟在2008年，将会有进入大学深造的需求。大量适龄人口接受高等教育的迫切需求，高等教育规模发展将面临很大的压力，现实情况要求高等教育必然要有一个大发展。

从我国高等教育发展的现实看，我国的经济基础较为薄弱，办的却是世界上规模最大的高等教育，属于典型的穷国办大教育。国家经济的发展，人民生活的日益提高，使得人民群众的教育需求同高等教育资源供给不足的矛盾不断凸显出来。

为了解决这个矛盾，就必须加快发展高等教育，增加高校数量，扩大高校办学规模。最初几年主要是通过深挖现有公办高校的潜力的方式，缓解供需矛盾。但是经过几年的快速发展，公办高校的潜力已充分发掘，全国各地均出现了万人规模的大学，容量已接近饱和。同时，由于学生规模的发展超前于财政性经费投入，导致很多地方高校生均拨款逐年下滑，许多高校办学条件全面紧张，资源处于全负荷运转状况。通盘考虑学生家庭的经济承受能力，公办高校的收费标准在已经提高了的基础上，不可能再有大幅度提高，需要稳定相当长的一段时间。但是国家财政对于教育经费的投入滞后且不足，如果仍然按照以往的国家投入资金办高等教育的单一发展模式，高等教育资源短缺的问题无法在短时间内解决。

高等教育传统的单一化发展模式在投入和资源上都受到严重的限制，受到了巨大挑战，很难再继续承担高等教育规模发展的任务，必须要有新思路和新举措。因此大力发展民办教育，通过积极鼓励社会、企业和个人投入高等教育办学，形成公办与民办共同发展的高等教育办学新局面，就成为当时的必然选择。中国高等教育发展开始由一元化模式进入了多元化模式时代。作为多元化发展模式的具体体现，独立学院的发展也迎来了春天。

2 独立学院的合作模式

在2008年，教育部出台的《独立学院设置与管理办法》明确了独立学院的定义："独立学院，是指实施本科以上学历教育的普通高等学校与国家机构以外的社会组织或者个人合作，利用非国家财政性经费举办的实施本科学历教育的高等学校。"由该定义，我们可以得出独立学院不是用国家的财政性经费举办，而是依靠社会资本或者民间渠道筹集办学资金的结论。但是在之前十年间的发展过程中，由于相关法规不明确，直接导致独立学院的办学模式出现多样化的态势，即理论上应该是高校+社会资本，而实际上出现了高校自身发展、高校+政府、高校+社会资本、高校+政府+社会资本等多种合作办学模式。

2.1 高校自办的办学模式

这类办学模式是指独立学院从根本上说是其母校自己没有使用国家财政拨款，通过整合、调配、挖潜相关资源，从而设置的独立学院。这类独立学院没有社会资本参与，即使在法律形式上有相关的企业合作方，但实际上该企业为本校的全资企业或者控股企业。因而此类模式的独立学院最直接的表现就是院长基本都是由该高校校级领导兼任或参照高校中层干部选拔任命相关程序任命,且同时兼任独立学院法人代表。在这一办学模式中,独立学院的独立仅仅体现在法律名称上,在实际的运行过程中则毫无独立特点。人事方面,从学院领导层到具体教学管理人员,基本都是由高校选拔任命或者招聘录用。教学管理方面,基本全部由高校全程管理,照搬校内二级学院相关教学指导思想、教学大纲和培养方案等。有些此类独立学院也按照相关要求,成立了学院的董事会,但实际上董事会成员基本都是高校人员。这种模式的独立学院其实就是这个高校内部设置的二级学院。例如南京大学金陵学院、中国矿业大学徐海学院、东南大学成贤学院等。由于此类独立学院办学模式违反了教育部门的相关政策要求,目前均在逐步通过转设为民办高校、回归学校母体等多种方式进行纠正。因此,在不久的将来,这类合作模式的独立学院将逐渐成为历史。

2.2 高校+社会资本的合作办学模式

此类办学模式是指社会投资者自行筹措相关经费,主要负责提供办学所需的硬件,例如购买土地、建设校园、安装各种设施设备、提供后勤和物业服务等等。合作高校主要负责提供教学和管理的软件,例如选派有经验的管理者担任院领导、选拔优秀师资担任课程教师、监督和管理课程教学等。此类模式的独立学院最直接的表现就是学院董事会的董事长由投资方选派,且担任学院法人代表,学院院长由高校选派。这类模式的独立学院产权完全属于社会投资者,具有独立的法人资格,学院董事会成员中,投资方人员占多数。在人事和重大事项决策方面,投资方占据主导地位,拥有最终决定权。在日常教学管理方面，投资者比较尊重高校方的意见，高校方具有比较大的决定权。例如北京交通大学海滨学院是由北京交通大学与融河（黄骅）科教有限公司合作创办。融河（黄骅）科教有限公司负责投资，承担了包括购买学院建设用地、新盖校舍、购置教学科研及办公设备等经费的投入。北京交通大学负责选派院级领导，负责日常教学管理、课程教学计划的制订与实施、各类课程师资选派以及教学质量监管等。学院具有独立法人资格，财务独立核算，实行董事会领导下的院长负责制与党委参与重大决策的领导管理体制。

2.3 高校+政府的合作办学模式

此类办学模式与高校+社会资本合作办学模式的类似之处在于地方政府充当了社会资本的角色。地方政府筹措资金，主要负责提供办学所需的硬件投入，合作高校主要负责提供教学和管理的软件投入。由于资金来源基本都是国有资产，独立学院的产权属于国家。与高校自身举办的办学模式相同处在于，此类独立学院中的董事会仅停留在制度设计层面，在实际工作中基本没有发挥作用，甚至个别独立学院没有建立董事会。有些此类独立学院尽管建立了董事会，但是学院的重大事项决策基本由高校决定。这种模式的独立学院有些类似于高校内部设置的二级学院。例如由电子科技大学和中山市人民政府合作创办的电子科技大学中山学院、浙江大学和宁波市人民政府合作举办的浙江大学宁波理工学院、南京邮电大学和扬州市人民政府共同组建的南京邮电大学通达学院等都属于这种模式。2008年教育部发布的《独立学院设置与管理办法》（国教育部令第26号）中明确指出,独立学院举办者须为"国家机构以外的社会组织或者个人",因此这种合作办学的模式是不符合要求的,它与高校自身举办的办学模式一样,未来将会逐渐消失。

2.4 高校+政府+社会资本的合作办学模式

这种模式由高校、地方政府和社会投资者共同举办,三方以股份制形式或成立董事会,或建立协调机制,共同对学院进行管理。在软硬件的投入上,糅合了其他三种模式的特点。高校往往负责软件投入,政府负责提供优惠政策,以便解决土地购买资金、引进人才待遇等问题,社会资本负责投资建设。此模式下学院的产权性质为股份制型,地方政府、公办高校与民间投资者按照协议共同分享产权。这类独立学院基本都不是独立法人,从管理上看,基本参照高校内设二级学院进行管理。例如浙江大学城市学院,由浙江大学负责相关教学支持工作,杭州市人民政府负责出台优惠政策,以解决相关实际问题,浙江省电信实业集团负责硬件投入。

3 独立学院发展中出现的问题

独立学院的迅猛发展,在国家投入高等教育发展事业经费不足的情况下,扩大了本科层次的办学规模,满足了国家社会经济发展的需要,缓和了人民群众对接受高等教育的希望与高等教育资源供给不足之间的矛盾。由于受到合作模式、运行机制等多方面的影响和制约,导致独立学院在办学过程中出现了主体性质公与民界限不清、产权不清晰、运行机制不顺、教学质量滑坡等诸多问题。随着独立学院发展进程的加快，这些问题的影响逐渐扩大，成为影响和制约独立学院未来发展的"卡脖子"问题，在一定程度上影响了独立学院的发展。

3.1 独立学院的性质不明确问题

用社会资源的投入，通过市场的方式来解决高等教育资源扩张问题，以市场机制所具有的优势，更有效地吸引和配置社会资源，探索和寻找更为全面与合理的社会资源参与教育发展的机制，是独立学院这一新型办学模式设计的合理出发点。因此，独立学院从其制度设计之初就兼具公办和民办两种体制的好处，这一方面既是独立学院发展的优势所在，也是独立学院存在诸多问题的症结根源，最突出的一点就是独立学院的性质究竟是"公"还是"民"。

2008年，教育部颁布的《独立学院设置与管理办法》（教育部令第26号）中第三条明确规定"独立学院是民办高等教育的重要组成部分，属于公益性事业"。根据这条规定，独立学院的性质是民办无疑。但是在现实中，由于相关法规不明确，直接导致独立学院的办学模式出现多样化的态势，即理论上应该是高校+社会资本，而实际上出现了高校自身发展、高校+政府、高校+社会资本、高校+政府+社会资本等多种合作办学模式。多种合作模式导致了独立学院多元的产权关系，复杂的资金来源，因此很难简单用一个"民办"来定位。这些因素也直接导致独立学院法人地位不明确，"公""民"界定牵强附会，具有独立法人地位、能够独立承担权利和义务的独立学院寥寥无几。

从独立学院多种合作模式可以将现实中独立学院的自身性质划分为"纯民办"、"半公半民"和"纯公办"。

"纯民办"性质的独立学院合作模式一般是高校+社会资本，例如厦门大学与厦门嘉庚教育发展有限公司合作举办的厦门大学嘉庚学院这种合作模式中，高校投入的是教学资源和管理经验等软件资源，社会资本投入的是办学资金和相关设施等硬件资源，独立学院的产权属于社会投资者所有。此类独立学院是完全的民办高校，其性质属于民办无疑。

"半公半民"性质的独立学院合作模式一般是高校+政府+社会资本，例如北京航空航天大学北海学院。这种合作模式中，高校依然是投入办学软件资源，但是作为姓"公"的地方政府对于办学提供了政策支持和经费补充，这时社会资本的投入在办学中就是有限的，无法做到拥有独立学院的全部产权。往往此类合作模式的独立学院采取类似于企业股份制形式，产权性质是国有和民办混合的。国有和民办的投资主体的产权和承担的风险，一般按投入资金和资产的比例确定。因此这类合作模式的独立学院性质属于"半公半民"。

"纯公办"性质的独立学院合作模式一般是高校自身发展或高校+政府的合作模式。例如浙江师范大学独资设立的浙江师范大学行知学院、浙江大学与宁波市人民政府合作举办的浙江大学宁波理工学院，该类全部为国有资产这两类合作模式中，作为投资者主体要么是公立高校自身，要么是地方政府，而这两者均应视作为国有资产投资，国家是这种投资的唯一主体。因此这类合作模式的独立学院性质属于"纯公办"。

以上三类均为大致分类，在现实的具体案例中，也有许多复杂的情况，例如某独立学院是公立高校+社会资源的合作模式,但是其投资者是某国有企业,这种情况也应属于"纯公办"性质。

独立学院的性质难分"公"与"民",使其运行机制上具有利与弊的双重性。一方面独立学院既可以与公办母体高校共享在师资、管理、教学、品牌等,具有办学起点高、见效快、容易上规模、上层次的优势;又可以充分享受国家的民办教育政策,利用"民营"机制有效地吸纳社会资金,建立起优于公办高校的"硬件"设施,从而实现"软件"与"硬件"的优势互补。另一方面则是它缺乏公办高校的底蕴和规范,也缺乏民办高校的灵活和效率;同时,独立学院逃避了公办高校的责任和民办高校的风险,这必将会对高等教育的健康发展带来不良影响。

独立学院的迅猛发展,是依靠国家的政策倾斜实现的,而不是在同一起跑线上,通过公平竞争而取得的。依靠着国家的优惠办学政策,独立学院从一开始就直接进入本科层次的办学,这是许多民办高校经过多年努力都没达到的高度,甚至是很多公办专科学校虽经多年努力但依然求之不得的,因此其先天性地处于较高的起点和较高的层次,而这实际上是一种不对称、不公平的竞争优势。

从独立学院的贡献角度看,其对快速扩大高等教育资源、满足国家高等教育大众化目标实现做出了实实在在的贡献。但是,它也冲击了民办高等教育的公平竞争环境,把本来就处于弱势地位的民办高校置于一个更加复杂的困境,甚至直接停办。这样的情况是不利于民办高等教育事业长期发展的。

3.2 独立学院的产权归属问题

独立学院作为我国高等教育改革和发展的一种创新办学模式，在产权归属方面存在先天不足。一方面原因是在实际的运行过程中，是先有了独立学院这种办学模式，然后国家再出台相关法规加以规范化，即所谓的"先出生，后办准生证"，这直接导致与独立学院相关的法规制度本身存在缺陷。另一方面，由于独立学院合作办学模式的多样化和办学主体的多元化，尤其是"半公半民"和"纯公"性质的合作办学模式和高校自身作为办学主体的情况，直接导致了独立学院产权的模糊性，即独立学院产权归属是不明晰的，引发了在运行过程中的责、权、利不明确，导致出现了一些不好的后果。

3.2.1 独立学院相关管理和规范法规严重滞后

对于独立学院的初创时间，众说纷纭。根据2008年2月29日教育部在京召开全国独立学院工作会议的表述，独立学院应该始于1999年。但是也有研究者认为1992年的天津师范大学国际女子学院才是源起，其他如1994年的上海大学悉尼工商学院、1996年的四川师范大学电影电视学院、1998年的郑州大学西亚斯国际学院等都早于1999年。不过，民办二级学院确实是在1999年大规模扩招后才如雨后春笋般大量出现的。之前大多数都是以国有民办二级学院的形式存在。到2003年，民办二级学院已高达360多所。这些民办二级学院绝大多数未经教育部审批，但经过省级教育主管部门或者省级政府同意的，而省级教育主管部门或者省级政府是无权审批本科高校的。2003年下半年，教育部印发《关于规范并加强普通高校以新的机制和模式试办独立学院管理的若干意见》(教发〔2003〕8号),开始对民办二级学院进行了清理整顿,逐个审查,最后取消了100多所,追认了249所。

先"出生"后办"准生证"导致规范相当困难。教发〔2003〕8号文规定,"不允许以各种变相形式把高职(大专)学校改办为独立学院",但已经这样做的学校只能追认,甚至将公立中专学校改为独立学院的也照样追认;以申办高校的校办企业或者控股企业作为形式出资者的,同样得到追认;以地方政府财政性资金投入的,也不得不追认;教发〔2003〕8号文规定了比公立高校低得多的基本办学条件,连这个条件都达不到的也能得到追认。2006年4月30日教育部发布的《教育部办公厅关于对普通高校、独立学院办学条件等有关问题核查情况的通报》(教发厅〔2006〕2号)明确指出"经核查发现,部分独立学院办学条件不达标,资产未过户,个别独立学院至今仍靠租赁土地和教学行政用房办学。"其中,完全靠租赁土地和教学行政用房办学的有6所;自有土地、教学行政用房均不达标的有5所;自有土地或教学行政用房不达标的有33所;资产未过户到独立学院名下的有189所。

一直到2008年,教育部颁布了《独立学院设置与管理办法》(教育部令第26号),有关独立学院设置和管理的相关问题才有了明确的规范,此时,即使以教育部认定的独立学院起源于1999年计算,也已经过去近十年了。也就是说,独立学院在没有明确的法规管理和规范的情况下,快速发展了近十年的时间。在此期间,独立学院基本都是依据1993年教育部颁布的《民办高等学校设置暂行规定》、1997年国务院颁布的《社会力量办学条例》、2002年全国人大常委会制定的《民办教育促进法》等相关的法规进行管理和规范。

这些法规的基本立法思路是鼓励、支持民办教育的发展。2003年教育部印发的《关于规范并加强普通高校以新的机制和模式试办独立学院管理的若干意见》（教发〔2003〕8号）中也明确对独立学院的发展持"积极支持，规范管理"的思路，要求独立学院具有独立的法人资格、独立的校园、独立招生和独立颁发毕业证书，并实行独立的财务核算，对独立学院的建设进行了规范。《民办教育促进法》及《〈民办教育促进法〉实施条例》也先后在法律、法规的层面对这种新型的办学模式做出了规定。从法律角度保障了独立学院举办者、教师、学生等各方的合法权益，规定了独立学院的设立、组织与活动、资产与财务管理、扶持与奖励及其应当承担的法律责任等。

虽然有关法规也要求独立学院要做到"明晰产权"，但现实的操作却表明，法规制度本身还存在着诸多不完善之处。在上述这些规章制度中，都回避了民办学校的产权归属问题。许多现实中的具体事实也表明：产权归属不明晰，已经阻碍了独立学院的健康有序发展。为了保证独立学院未来的发展，相关法规的制定或者完善刻不容缓。

3.2.2 独立学院办学主体的多元化

从目前绝大多数独立学院运行情况看，导致独立学院的产权归属不清晰的另一个主要原因是由于独立学院合作办学模式的多样化带来的办学主体多元化。

高校自身举办独立学院的办学模式一般都是高校既是申请者又是举办者，或者举办高校采取用与自己的校办企业合作办学，即"纯公办"模式。法律意义上是多个举办主体，但是实际上还是一个举办主体。举办方和合作方在人员和财产方面存在着管理与被管理、领导与被领导的隶属关系，容易导致独立学院产权划分不清晰。

高校与社会资源合作举办的模式，以及高校与政府等合作举办的模式，均涉及多个办学主体，主要是"半公半民"和少部分"纯公"模式。此类的独立学院的产权归属一般都在合作办学的协议中有规定，如有的规定合作期满后，全部财产归独立学院申请者所有；有的规定由申请者和合作者按出资比例分配；有的只规定独立学院办学期间的利润分配问题，而对办学期间及期满后独立学院的财产归属问题只字不提，这将导致独立学院今后产权的不清晰，甚至会影响和制约独立学院的发展与转型。

目前来看，独立学院的举办主体一般都是申请高校和独立学院的合作者（政府或者企业），那么从产权主体来说，也就是要理顺申请高校和独立学院合作者之间的关系。其中最主要的是理顺独立学院和申请高校间的产权关系：一是可以对申请高校前期投入的品牌等无形资产进行估价。可以由合作方买断，高校也可以以此入股，获得收益权。二是要明确以非资金形式（如知识、土地、校舍等）参与办学的合作者的产权。对于以非资金形式参与办学的合作者，独立学院要在办学初，对其提供的有形和无形的"物"进行估价，估出的价格可以以购买股份的形式参与办学，也可以在办学过程中一次性买断，以确保转型后没有产权纠纷。

3.2.3 独立学院产权不清晰的影响

从实际情况看，由于独立学院产权不明晰引起的问题主要体现在独立学院举办者、投资者与办学管理者之间的关系不顺，引发独立学院内部管理体制和运行机制存在问题，缺少建立科学合理的责、权、利关系的基础。

作为举办方的母体高校在独立学院运行的具体过程中往往干涉过多，影响办学管理者独立行使其职责，从而使得独立学院不独立。社会投资者，例如企业或者机构作为投资者，对独立学院投入了大量的资金和设备等，对于利益最大化和短期投资回报有期待，有的只讲求办学规模而不注重教学质量，过多干涉独立学院的教学和管理工作，影响了学院的正常运行。作为独立学院的决策机构的董事会，有些仅仅作为法律和程序上的存在，在事实上是不发挥作用的；有些虽然能够发挥作用的董事会，但受制于没有相应的权力执行机构和配套制度，也难以发挥出其应有的作用。独立学院的举办各方在独立学院中的性质和地位不明，其相应的责、权、利就不明确，导致矛盾和纷争严重，影响到独立学院的持续健康发展。

3.3 独立学院的公益性与营利性问题

独立学院由于其合作办学的模式多样化，从诞生伊始就性质不明确，同时又兼享公办和民办两种体制的好处。这既是独立学院发展的优势所在，使其一开始就能在本科层次开展办学，起点很高，也是导致独立学院诸多问题的症结根源。作为公办性质的学校，必然要求具备增进社会福利、提高社会效益的公益性，作为民办性质的学校，其内在的资本逐利性又要寻求投资资本的合理回报，使其具有营利性。因而公益性与营利性不仅是独立学院发展中的外在办学行为的冲突问题，也是内含在教育改革中市场在教育领域延伸的边界问题的矛盾表现。公益性与营利性这一矛盾在公办高校和民办高校中由于其投资主体与办学主体的一致性，产权清晰明确，所以得到某种程度的掩盖，表现不明显。但在独立学院中，却由于投资主体与办学主体的不一致而突显出来。

2008年教育部发布的《独立学院设置与管理办法》（教育部令第26号）第三条明确规定独立学院是民办高等教育的重要组成部分，属于公益性事业。但是第四十三条又说，独立学院在扣除办学成本、预留发展基金以及按照国家有关规定提取其他必需的费用后，出资人可以从办学结余中取得合理回报。这两条规定本身就自相矛盾，使得独立学院的公益性和营利性更加不清楚。

公益性是办学之后形成的社会影响，营利性则是对办学盈利处理的一种制度安排，二者既不属于同一范畴的一对矛盾，也不存在直接的对应关系。适度营利并不一定妨碍独立学院的公益性，非营利性也不一定增加独立学院的公益性。两者是可以互相补充、互相促进的。现实的情况是投资主体需要回报，独立学院自身的良性持续发展也需要营利性。

投资主体需要投资回报，希望独立学院是营利性的。2009年修订的《中华人民共和国教育法》第二十五条规定"任何组织和个人不得以营利为目的举办学校"，2015年12月27日《全国人大常委会关于修改〈中华人民共和国教育法〉的决定》，将第二十五条改为第二十六条，将第三款改为第四款，修改为："以财政性经费、捐赠资产举办或者参与举办的学校及其他教育机构不得设立为营利性组织。"根据这一条规定，独立学院的经费来源不是财政性经费，同时也不是捐赠资产，因而是可以设立为营利性组织的。同时，企业或者机构投资独立学院兴办高等教育，是"投资"办学而非"捐资"办学，是要讲投资回报的。如果因为投资者是出于营利目的而禁止其投资高等教育，不允许投资者取得任何的经济回报，必然导致教育投资渠道的萎缩。既然在高等教育领域引进市场机制，那就必然存在着营利现象，这是投资者在办学过程中获得的除去成本之后的正当收益，是其办学取得成就的应得奖励。

独立学院自身发展需要其具有营利性。独立学院的运转经费不是来自政府拨款，为了发展，只能依靠自身的运作筹集。为了形成良性循环，它在自身的运行中还必须要有相当多的结余。只有有了足够的经济效益才能维持办学的可持续发展，因此是不能没有盈利的。如果没有宽松的结余，没有盈利，就不会有投资者的持续不断投入，独立学院就无法继续发展，办学条件就不可能不断地得到改善。

国际上的实践证明，只要国家对营利性大学做到了有效的规制与管理，学校的营利性与教育的公益性是可以兼容的。只要在办学过程中严格管理，加强成本核算，是会有盈利的，而这种盈利是合法的，是可以作为对投资者的经济回报的。2004年公布的《中华人民共和国民办教育促进法实施条例》第四十四条明确规定："出资人根据民办学校章程的规定要求取得合理回报的，可以在每个会计年度结束时，从民办学校的办学结余中按一定比例取得回报。"并且明确了"民办教育促进法和本条例所称办学结余，是指民办学校扣除办学成本等形成的年度净收益，扣除社会捐助、国家资助的资产，并依照本条例的规定预留发展基金以及按照国家有关规定提取其他必需的费用后的余额。"这些法律条款较好地调和了教育的公益性与营利性之间的矛盾，为维护投资者的合法权益，提高社会各界投资高等教育的热情提供了法律依据。

3.4 独立学院运行机制问题

独立学院在运行机制上普遍存在董事会运作不规范、管理权限不清晰、内部监管缺失、教育教学保障不到位等问题。

3.4.1 董事会运作不规范

2008年教育部颁布的《独立学院设置与管理办法》第二十五条规定："独立学院设立理事会或者董事会，作为独立学院的决策机构。理事会或者董事会由参与举办独立学院的普通高等学校代表、社会组织或者个人代表、独立学院院长、教职工代表等人员组成。理事会或者董事会中，普通高等学校的代表不得少于五分之二。"第二十八条规定："独立学院理事会或者董事会会议做出决议，须经全体理事或者董事的过半数通过。但是讨论下列重大事项，须经理事会或者董事会三分之二以上组成人员同意方可通过：（一）聘任、解聘独立学院院长；（二）修改独立学院章程；（三）制定发展规划；（四）审核预算、决算；（五）决定独立学院的合并、终止；（六）独立学院章程规定的其他重大事项。"

在实际的运行中，董事会的成员是参与举办独立学院的公办高校和投资方利益博弈的结果。在高校自身举办的独立学院，高校代表在董事会中占绝对优势，董事会只是一个协调机构，而不是决策机构，形同虚设，造成了董事会职责缺位。有些独立学院由于缺乏相关的监督机构和规章制度的保障，举办者通过董事会任意抽调办学资金，导致董事会职能错位，严重影响独立学院的长远发展。有些独立学院董事会中的投资方代表占绝对优势，他们往往不懂教育规律，以企业管理的思维来支配教育教学的开展，经常出现董事会职权越位行为。

3.4.2 管理权限不清晰

行政权力泛化。很多独立学院在管理上主要学习和沿袭了母体高校的管理体制，实行领导负责制，隶属关系清晰，建构了一个传统的金字塔式的组织结构。这种行政结构层级较多，在一定程度上造成行政权力的泛化。

母体高校权限过大。有的独立学院名义上采取董事会领导下的院长负责制。但实际上很多是由母体高校校委会代行董事会职能。对于院长的任命，有的由母体高校党委直接任命，有的则先由母体高校党委提名，再由董事会讨论决定任命。这就使母体高校控制了独立学院的干部任免权。财务是母体高校实施对独立学院控制的关键。部分独立学院的财务收入和支出统一在母体高校财务管理之中。独立学院的财务负责人直接由母体高校任命，人事、工资关系也在母体高校。

在独立学院的日常管理中，尽管模仿母体高校建立了学术委员会、学位委员会等各种学术组织，但是各委员会的工作基本也是沿袭了母体高校的思路、方式和程序，没有充分发挥出学术权力，导致学术组织机构的作用十分有限，职能的履行没有到位。

3.4.3 内部监督机制缺失

从法律意义上讲，独立学院一般由两个以上的实体合作举办。一般情况下，主要由母体高校直接从事学院的运行管理和教学管理，投资举办者一般是通过董事会对学院管理层进行约束和监督，从而确保举办者自身的利益。虽然从制度设计上董事会拥有任免院长的权力，但是在实际的运行中独立学院的院长都是由公办高校推荐，董事会聘任。考虑到母体高校对于独立学院的诸多影响，董事会一般不会直接驳回公办高校的院长推荐人选，即使某些情况下，投资举办方对院长存在极大的不满，只要能够忍受，基本不会直接免除院长。从而导致有可能存在院长仅代表公办高校对独立学院行使管理权，从而忽略了投资方利益的情况出现。当院长的权力一旦形成，有可能会因为信息不对称，院长由于对学院具体事务更加清楚，从而在事实上控制董事会，导致院长权力过大，无法监督。独立学院作为民办教育机构，没有设立公办高校中的纪委、监察委员会等机构，无法对院长等管理层进行有效监管和纪律约束。在一般的公司治理中，普遍设立监事会，对董事会和行政负责人进行全面的、独立的监督。但是，目前我国独立学院中几乎都没有设置这一机构。独立学院既没有母体高校中的纪委、监察委员会等监督机构，又没有一般公司运行中的监事会，这在一定程度上导致了独立学院内部治理结构中的监督机制的缺失。有效的监督和约束，可以保证独立学院的长期持续良性发展。

3.5 教育教学保障不到位问题

独立学院的机制设计就是与母体高校共享优质资源。事实上，很多独立学院"不独立"，完全依附在母体高校上发展，复制学科、设置相同或者相近的专业、共享师资、照搬教学大纲和教材等，导致独立学院整体办学没有特色，教育教学质量无法保证。

母体高校的优质教育资源主要就是领先的学科、优良的教学传统和完备的教学资源。而这一切都是以师资为基础的。从独立学院制度设计之初，主要就是考虑到可以与母体高校共享师资，从而实现学科专业的快速发展和教学质量的保证。但是现实的情况是，母体高校连年扩大招生量，每年的招生数量不断上台阶式扩大，但师资的数量并没有与之相配套的发展，师资的质量更难以匹配。这就直接导致了母体高校实际上根本没有足够的师资资源可以与独立学院共享。即使母体高校为独立学院派出了部分师资，对于这部分教师而言，独立学院的教学和科研任务是额外的。这不但使母体高校的教师背上了沉重的教学压力，不利于母体高校的教师集中精力搞好母体学校本职工作，更不可能保质保量地完成独立学院的教学任务。在这样的情况下，为了保证完成教学任务，独立学院只能采取返聘一些退休的高校教师，外聘部分其他高校的教师，同时慢慢培养自己的师资队伍。在这个过程中，整个的教学任务只能努力保证完成数量，很难保证质量。

独立学院在学科发展和专业设置方面，为了能够一步到位，做好本科层次的人才培养，只能是复制母体高校现在已经发展得不错的学科和现成的专业。同时，在专业审批过程中，教育部门往往对独立学院申请开设与母校相同或者相近的专业加以鼓励，这导致独立学院在学科发展和专业设置方面与母体高校高度雷同，甚至无差异。每一所独立学院都与母体高校专业设置雷同，而大部分的同类型高校专业设置又是基本差不多的，导致相同类型的独立学院彼此之间的专业设置高度相似。复制母体高校学科专业也就意味着独立学院的专业设置缺乏足够的人才需求调研，只能是看着母体高校某个专业不错，市场受欢迎，马上就开设这个专业；或者注意到同类型的兄弟独立学院某专业办得不错，需求量比较大，而自己的母体高校也有类似专业，随即马上开设该专业。从目前我国独立学院的专业设置情况来看，绝大多数是以短线专业为主，并过分注重实用性，强调的是市场现实需求，追求的是"短平快"。独立学院的专业设置类型比较杂，基本上集母体高校的所有优势专业于一体。

由于学科专业设置基本与母体高校雷同，因此对于独立学院的学生而言，与母体高校学生相比，两者拥有相同的培养模式、相同的教学计划，却有不同的进校基础和不同的印章的学历证书。独立学院的课程和教材毫无特色，基本依照母体高校照单全收。母体高校往往招收的学生质量较好，加之师资力量强，考虑到学科定位发展等因素，在教材选择方面，往往重理论，轻实践，理论性较强的教材往往是首选。但是独立学院的定位是应用型人才培养，市场对于独立学院毕业生往往注重的是实践中处理问题、解决难题的能力，而不是相关理论研究和探讨。直接照搬母体高校课程与教材的直接结果就是培养出的学生理论不全懂，实践全不懂，产生了眼高手低的现象。因此独立学院的课程和教材选用应该更加贴近应用型人才培养的定位，即使在学科专业设置与母体高校高度一致的情况下，在面对着不同的市场需求时，独立学院的课程和教材也应该有自己的个性和特色。

4 独立学院未来的发展趋势和方向

独立学院起源于1999年，初期称二级学院或民办二级学院，后正式定名为独立学院。经过近20年的发展，已经成为我国高等教育办学的重要力量。根据教育部2018年《全国教育事业发展统计公报》数据，截至2018年，全国共有本科院校1245所，其中独立学院265所，约占本科院校总数的21.3%。独立学院教职工总数为163 928人，其中专任教师123 958人。独立学院是我国高等教育办学体制改革创新的重要成果,为发展民办高等教育事业、促进高等教育大众化做出了积极贡献。

从我国高等教育的未来发展趋势的角度看,独立学院是我国高等教育发展在特殊时期、特殊背景采用的一种特殊机制,其过渡性十分明显;从涉及独立学院的未来发展的国家政策看,将独立学院逐步、分期、有序地转制为民办普通高校,是我国独立学院发展的主导性思路。

4.1 独立学院的不同发展阶段

在独立学院近20年的发展历程中,大致可以分为依附母体高校发展时期(以下简称"依附期")、逐步开始自主办学的探索期(以下简称"探索期")和向民办普通高校转型的过渡期(以下简称"过渡期")。

独立学院发展的依附期主要是1999—2002年。独立学院作为全新的高等教育办学形式,当时没有经验可以借鉴,没有先例可以遵循,所以一般都采取了视同母体高校内设二级学院的方式对其运行和教学进行管理。彼时的独立学院不具备有独立的办学主体资格,无法独立招生,没有自己的教育教学资源,只能完全照搬复制母体高校的教学、管理体制机制。这一时期,独立学院的发展几乎完全依靠母体高校。

独立学院发展的探索期为2003—2008年。2003年,全国独立学院数量已达360多所,教育部于当年发布《关于规范并加强普通高校以新的机制和模式试办独立学院管理的若干意见》(教发〔2003〕8号),为其正名为"独立学院",并提出"五独立"(独立校园和基本办学设施、独立教学组织管理、独立招生、独立颁发学历证书、独立财务核算)要求。教育部于2003

年下半年开始对原有360多所所谓"二级学院"进行清理整顿、重新登记。经过逐个审查,取消了其中100多所"二级学院"的办学资格,并对其中249所进行了重新登记。这标志着国家政策要引导独立学院真正独立发展,成为自主办学的高等教育机构。同时,经过了几年的发展,来自人才市场的需求,与母体高校的共享协调机制不顺,自身学科师资力量的增强等都使独立学院开始思考独立发展的路径。

独立学院发展的过渡期从2008年起至今。2006年,教育部《关于"十一五"期间普通高校设置工作的意见》,首次提出独立学院"转设"的概念,引导符合条件的独立学院按高校设置程序可转设为独立建制的民办普通本科高校。2008年,教育部印发《独立学院设置与管理办法》(教育部令第26号),明确提出五年过渡期的规定,按照"只减不增"的总体思路,分"考察验收合格发证办学、符合条件转设、充实办学条件继续办学"三类情形存续发展。这意味着从国家政策层面,明确了独立学院必须转设为民办普通高校,实现独立发展的思路。自此,独立学院开始进入了转设为民办普通高校的发展新时期。

4.2 独立学院转设为民办普通高校的基础及困难

按照教育部的相关规定,独立学院将陆续转设为民办普通高校,这一举措解决了独立学院发展过程中的外部和内部的诸多难题,具有现实基础,但是也面临着不少具体困难。

4.2.1 相关政策法规日趋完备

2003年教育部发布《关于规范并加强普通高校以新的机制和模式试办独立学院管理的若干意见》（简称教育部"8号文件"），这是国家针对独立学院发布的首个标志性政策文件。文件中的条款，无论是对独立学院民办办学机制的认定，还是在办学管理上"五个独立"（校本部、法人资格、颁发证书、校园、财务核算独立）的基本要求，都体现了削弱独立学院与母体高校的依附关系，规范独立学院的管理与办学的政策导向。2006年教育部颁布的《关于"十一五"期间普通高等学校设置工作的意见》与2008年下发的《独立学院设置与管理办法》（教育部26号令）更是这种导向的清晰化与详细化。

2016年11月7日，全国人大常委会审议通过《中华人民共和国民办教育促进法》（以下简称《民促法》）修正案。同年12月29日，国务院颁布了《关于鼓励社会力量兴办教育促进民办教育健康发展的若干意见》（国发〔2016〕81号），中共中央同日颁布了《关于加强民办学校党的建设工作的意见（试行）》（中办发〔2016〕76号）。2018年8月10日，司法部公布了国务院《民办教育促进法实施条例》草案的征求意见稿。2018年12月29日第十三届全国人民代表大会常务委员会第七次会议第三次修正《中华人民共和国民办教育促进法》。这些文件法规就独立学院发展中的公还是民的问题、产权归属问题、公益性与营利性问题、党建工作问题等一系列困扰独立学院发展的现实问题均做了规定，给出了说法。

4.2.2 破解系列难题

由于相关的法规趋于完善，困扰独立学院发展的一系列现实问题都找到了答案,这极大地促进了独立学院的发展。例如性质问题、营利性问题和管理权限问题。

独立学院性质相关问题。2008年《独立学院设置与管理办法》第三条对独立学院的性质做了明确规定:"独立学院是民办高等教育的重要组成部分,属于公益性事业",即独立学院在性质上是属于民办高等院校。这条规定直接回答了独立学院姓"公"姓"民"的问题,为解决其他相关问题奠定了基础。

独立学院营利性相关问题。《中华人民共和国民办教育促进法》(2018年修正版)第十九条规定:"民办学校的举办者可以自主选择设立非营利性或者营利性民办学校。""非营利性民办学校的举办者不得取得办学收益,学校的办学结余全部用于办学。""营利性民办学校的举办者可以取得办学收益,学校的办学结余依照公司法等有关法律、行政法规的规定处理。"独立学院属于民办学校的范畴,主办方可以选择转设为非营利性和营利性民办高校。如果独立学院举办方母体学校不退出独立学院,独立学院只能变成非营利性学校。公立学校通过办学校来营利获益,是不被允许的。公办学校的办学性质是公益、公共、公权性的。

独立学院管理权限问题。《中华人民共和国民办教育促进法》(2018年修正版)第九条规定:"民办学校的举办者参加学校理事会、董事会或者其他形式决策机构的,应当依据学校章程规定的权限与程序,参与学校的办学和管理活动。"这一条明确了举办者可以参与学校的办学和管理活动,避免出现之前的母体高校一言堂的局面,保证了举办者的相关利益。

4.2.3 转设中的困难

尽管教育部门从2008年就开始启动独立学院转设为民办高校的工作，但是受到一些具体困难的限制，转设进程一直非常缓慢。2010年，全国独立学院总数量为323所。2018年，全国共有独立学院265所。近十年的时间，独立学院转设了58所，仅占2010年总数的17.9%。转设中的主要问题是独立学院的合作办学模式。如果办学模式中社会资源，准确地说是民营资本主导，那么转设困难会小很多，进程会顺利许多，反之则难度较大。

由政府主导的合作办学独立学院，政府对独立学院转为公办高校的动力不足。若要完成独立学院转公，地方政府每年都要投入巨大资金。如果政府没有足够的财力来接纳转公的独立学院，则对转设毫无动力。

由母体高校主导的合作办学独立学院，母体高校对独立学院转公或者转民均无积极性。基于历史的原因，作为独立学院的主办方，母体高校可以以管理费、品牌使用费或合作费等名义从独立学院收取费用。这些费用用于支持或补充母体高校办学经费，以缓解教育财政资金紧张的压力，相较于常规性财政拨款，在使用中较为灵活，成为一笔可观的"额外收入"。一旦独立学院转设，即意味着母体高校损失了一笔较大的收入。

独立学院师生员工对转设有抵触。一旦转设完成，独立学院的教师将成为民办学校的教师，其中一部分资历深的教师可能会失去事业编制，其社会地位和待遇的稳定性必将受到一定影响，出现师资队伍的不稳定，从而影响教学质量和管理效率，导致转设决策难定。同时，转设后独立学院将面临社会认可度下降等问题，学生认为失去了"母体高校"的品牌光环效应，心理上会抵制独立学院转设，造成学生情绪不稳定，容易诱发群体事件。

4.3 独立学院未来发展方向

独立学院未来可以基于自身的有利条件和特点，建设具有创新型体制机制、特色型学科专业、培养应用型人才的本科层次高等院校。

4.3.1 体制机制有独特创新

未来的独立学院是具有自主办学权的民办普通高等院校，这保证了独立学院可以真正地面向市场，按照市场的需求创新构建学校运行和教学的组织机构，以高水平、高层次就业为导向，自主设置专业、设定人才培养方向和培养方式，开设和发展"短平快"及其他社会需要的专业。同时，在学科发展上，面向企事业单位的实际需求，谋求合作，开展应用性科研，帮助企事业单位解决具体难题，提升独立学院自身的科研水准与层次品位，为跻身一流大学打下坚实的基础，这也是独立学院办学模式与机制灵活性的集中体现。独立学院可以立足于体制机制的自主创新，吸收国内外先进的教育理论和办学经验，适应市场对人才素质的要求，探索富有特色的办学理念和人才培养模式，形成自己的品牌，产生良好的社会效应，打造中国民办高等教育品牌。

4.3.2 人才培养有准确定位

目前独立学院的人才培养定位往往与母体高校混同，照搬人才培养目标和专业教学计划，没有根据自身的实际情况，设计符合学院实际和学生特点的人才培养模式。考虑到独立学院未来性质将是本科层次民办高校，办学应定位为应用型本科学院，是以立足市场、培养面向世界、适应社会经济发展需要的应用型人才为宗旨，培养满足经济建设一线需求的高层次、应用型人才，逐步形成真正独立的、面向社会的，既能满足大众对高等教育需求，又能满足企事业单位对实践人才需求的高等教育机构。这种定位既弥补了普通本科高校培养理论型、研究型人才在实践技能方面的不足，又弥补了迅速崛起的职业技术学院培养大量专科层次实践技能很强的人才在理论上的不足；既改善了高等教育结构失衡的状态，又满足了社会经济发展对大量本科应用型人才的需求。

4.3.3 学科专业有自身特色

独立学院的学科专业设置基本上是复制母体高校的相关学科专业，缺少自己的特色。未来如果想实现良性持续发展，必须走向独立自主的发展之路，实现办学定位的特色化。对于已经具有一定办学特色，在特定行业内有一定影响力的独立学院来说，可以继续凸显自身"行业取向"的办学定位，重点建设一批具有行业特色的学科专业群，并以此为中心，发展一批与之相关的基础性、支持性学科专业，着力为特定行业及其相关产业提供服务。对于具有较好办学基础但有待进一步挖掘特色的独立学院来说，可以积极拓展"地方取向"的办学定位，充分利用自身在办学基础上的传统优势，逐步契合所在地区的社会经济发展态势，与所在区域建立良性的产学研互动关系。未来独立学院需要在发挥师资、资源相对优势的基础上，进一步创新和发展教育理念，确立适应自身办学定位的具有特色的学科专业发展定位，这是今后持续快速发展的基础所在。

第五章　高校地方研究院的兴起与发展

　　高校地方研究院，是指高校与地方政府或企业合作建立，以跨学科、跨领域、跨行业、虚实结合、以实体为主的创新型组织模式，也有高校（例如东南大学）称之为异地研究院。从严格意义上说，地方研究院与异地研究院还是有区别的，区别在于异地研究院重点强调了其所处的地区与大学不属于同一地区，即大学位于某城市，异地研究院位于另外一个城市。但是我们认为，异地研究院是地方研究院概念的细化分支，而不是完全不同的范畴，因此在本文中，地方研究院与异地研究院不加区别，统称为地方研究院。

　　高校自身内部设置研究院（科研机构）的历史比较久了，但是建设地方研究院的时间并不是很长，国内高校第一家设立的地方研究院是深圳清华大学研究院。

　　深圳清华大学研究院是1996年由清华大学与深圳市政府共建，为国内高校与地方政府共建研究院开了先河。作为国内首个高校地方研究院，深圳清华大学研究院以机制体制创新为核心，以学校与地方、研发与孵化、科技与金融、国内与海外的"四个结合"为抓手，以研发平台、创新基地、投资孵化、科技金融、国际合作和人才培养六大板块的建设为基本内容，定位于"科技研发——推出自主创新的应用成果""成果转化——加速科技成果产业化""企业孵化——孵化高新技术企业""人才培养——培养高层次人才"四个职能，深圳清华大学研究院打造了产学研深度融合的科技创新孵化体系，全方位孵化科技成果、项目、企业、人才，实现了创新价值的循环增值。

同时，深圳清华大学研究院作为全国首个新型科研机构，摸索出了"四不像"理论，实现了体制机制的创新和突破：第一，既是大学又不完全像大学，文化不同；第二，既是科研机构又不完全像科研院所，功能不同；第三，既是企业又不完全像企业，目标不同；第四，既是事业单位又不完全像事业单位，机制不同。在"四不像"理论的指引下，研究院作为企业化管理的事业单位，实行理事会领导下的院长负责制，全员聘用，自收自支，自负盈亏，滚动发展。

在清华大学设立深圳研究院之后，一方面地方政府和企业看到了政产学研合作的效果，得到了实实在在的成果；另一方面，高校将自身的科研、人才和技术优势通过最低的成本实现了转化，取得了一定的社会效益和经济效益，各方的积极性都很高。因此高校的地方研究院在较短时间内蓬勃发展了起来。

以清华大学为例，据初步统计，截至2018年底，清华大学先后以学校为主体与地方政府建立了深圳清华大学研究院、北京清华工业开发研究院、河北清华发展研究院、浙江清华长三角研究院、无锡应用技术研究院、佛山先进制造研究院等校级地方研究院；以院系为主体与地方政府建立了苏州汽车研究院、合肥公共安全研究院、天津高端装备研究院等院系级地方研究院。此外，北京大学、浙江大学、上海交通大学等也纷纷建立起校级和院系级的各类地方研究院。

高校地方研究院主要承担科学研究、人才培养和技术转化等相关任务，它有效地连接起了学校、政府、行业和企业，是政产学研的代表性合作模式之一。研究院通常建立在一个创新发展诉求强烈的城市，以当地战略性产业发展需求为导向，得到当地政府、企业与母体学校的大力支持的机构，为地方经济发展转型提供人才培养、科技支撑、成果转化等智力支持。通过研究院这个平台，政府、企业、学校与科研院所可以开展有效的合作，使各自的利益诉求、作用与能力得到较大的发挥，从而促进社会与经济的发展。

1 高校地方研究院发展的动因

高校地方研究院从20世纪90年代开始起步，在其发展过程中，高校、地方政府和企业等参与方均发现了其价值所在，因此大力推动建设。目前已经初步形成了深圳、苏州等高校地方研究院聚集区域，高校地方研究院为区域经济发展所做出的贡献也越来越大。

1.1　20世纪90年代高校地方研究院发展动因

高校地方研究院发展的最初原动力来自高校和地方政府对科技成果转化的需要。科技成果转化通常是指将科研机构在实验室研究创造出来的科技成果转化为现实生产力的过程。只有在转化为现实生产力和竞争力之后，科技成果才能实现对社会经济发展的推动。

1.1.1　高校有需求

高校长期以来是我国重要的科技研发单位，但是一直以来高校科技成果转化率非常低，即使到了2017年，高校科技成果转化实施情况仍然不容乐观。据教育部《2017年高等学校科技统计资料汇编》的数据显示，全国各类高校2017年专利授权数共229 458项，合同形式转让数仅为4 803件，中国高校科技专利转化率刚到2%。清华大学稳居2017年高校科研成果转化排行榜第一名，技术转让收入为50亿元。高校科研成果转化率十分低，科研成果转化空间巨大，转让收入对高校来说也是一笔不小的经济来源。因此，高校对于科研成果转化的需求是刚需。

1.1.2　地方政府有需求

地方政府对于科研成果转化的需求也是刚需。地方政府要发展战略性新兴产业，实现区域较快发展，走技术创新型道路是最佳选择。但是如果完全依靠自身走技术创新型道路，现实中很难实现。一是重大高新技术是从国外引不进、买不来的。原始创新是一个国家竞争力的源泉，没有任何一个国家会将可能抢占某个行业未来经济科技发展制高点、影响到行业发展的重大高新技术毫无保留地转让给他国。企业自身缺乏研发能力。二是不少企业不愿较多地承担"应用研究、开发（中试）"的投入，更对新产品需要不断完善的过程缺乏耐心。基础研究需要长期积累。三是原始创新源于基础研究。基础研究是要花费心血、长年积累，才能产出成果的，没有十到几十年的积累不可能出重大成果。研究型大学由于自身科研学术的发展，长期以来注重基础研究。

由于高校和地方政府对于技术成果转化的刚需，而高校地方研究院是实现研产对接、实现成果转化的重要载体，因此受到了地方政府的热烈欢迎。

1.2 21世纪高校地方研究院发展动因

随着我国高等教育事业的不断发展，高校出现了建立现代大学制度，建设现代大学的需求，越来越多地关注知识的创新和应用，逐步成为知识工业的重要基地。同时，还有一部分大学从教学型高校转型为研究型高校或教学科研并重型高校，对于与地方政府和企业合作，进行科技成果转化的需求越来越大。地方政府和企业从以往的合作中总结经验和教训，与高校的合作进入到更加深层次的领域，出现了政产学研一体化的需求。

1.2.1 建设现代大学的需求

随着中国高等教育事业发展进程的快速推进，建设现代大学越来越成为中国高校的迫切需求。高校作为知识生产和传播的基地，应该为社会的发展做出自己的贡献。同时，随着社会角色的不断转型，高校也越来越多地关注知识的创新和应用，成为知识工业的重要基地。但是由于知识以及技术创新活动的复杂性和高风险性，高校难以独自承担知识以及技术创新的整个过程，因此需要一种新型的组织形式将大学以及社会中的其他创新资源进行有效的整合，从而推动整个社会的知识和技术创新，促进社会经济的快速发展。

1.2.2 高校发展定位转型的需求

进入21世纪后,许多大学已迅速将其功能定位从教学型向研究型转化,也有一部分定位为教学科研并重型,高校之间的科研竞争全面深化。一所大学科研实力的强弱和科研水平的高低决定了该大学办学水平与综合实力高低强弱。没有一流的科学研究,就不可能有高质量的现代高等教育。高层次的人才培养,特别是博士研究生的培养,需要通过高水平的科学研究才能完成;科研任务多、课题层次高,获得的经费支持也就相当可观;只有在某一领域做出高水平的研究工作,有了国际知名度和影响力,才有可能与国外同行进行高层次的交流与合作。因此,有必要对现有科研创新管理体制进行调整,集中优势资源建设高层次的研究院所,为我国高校的跨越式发展提供有力支撑。

1.2.3 政产学研一体化发展的需求

政产学研合作在全球众多国家得到应用,其重要性被广泛认可和接受。在政产学研合作中,需要平衡地方政府、企业、高校等方不同的利益诉求,以便最大化地发挥各自在政产学研合作中的能力与作用。这就需要建立一种新的合作模式或组织形式。高校地方研究院的出现是政产学研结合的一种有效的制度模式创新,通过研究院这个平台,能够吸引一部分以成果转化和社会服务为主要职能的教师及研究人员成为全职、集中的从业人员,最终持续推动项目发展。地方政府、企业、高校可以开展有效的合作,使各自的利益诉求作用与能力得到较大的发挥,从而促进社会的发展。对于政府而言,为推动产业转型升级搭建的各类产学研合作联盟、论坛本质上属于"软平台",弹性小、见效慢,而研究院则是"硬平台",对于政府的政策扶持引导能够做出迅速、刚性的反应，有利于政府工作的优化改进。对于企业而言，研究院如同一个高效筛选平台，将高校中最擅长社会服务和成果转化的技术力量网罗门下，减少了企业对接的时间和风险。对于高校教师及研究人员而言，他们能够在研究院里充分调用丰富的产业资源，及时高效地将研究成果产业化。对于在研究院学习的学生而言，他们能够处于产业发展和研究的最前沿，实时了解产业发展的动态，将自己的研究与产业的发展紧密联系起来。

2　高校地方研究院的类型

根据举办合作方的不同，面向产业的不同以及发展定位的不同，高校地方研究院可以从不同角度划分为三种不同的类型。

2.1　合作方不同

根据举办合作方的不同，高校地方研究院可以分为高校与地方政府合作型（校地型）、高校与企业合作型（校企型）和高校与地方政府、企业合作型（混合型）。

2.1.1　校地型地方研究院

是指高校与地方政府合作建设研究院，也是目前国内的主流合作模式，例如，深圳清华大学研究院是深圳市政府和清华大学共建的以企业化方式运作的事业单位；西安交大苏州研究院是苏州市人民政府和西安交通大学联合共建的副厅级教育科研事业单位；北京交通大学长三角研究院是由镇江市人民政府、镇江新区管委会以及北京交通大学共同组建的正处级事业法人单位。校地型研究院普遍是具有独立法人资格的事业单位，但是在运行机制上基本都采用了事业单位企业化运行的方式。

2.1.2 校企型地方研究院

校企型地方研究院是指高校与有相应需求的企业合作建设研究院。例如，山东大学鲁南天然药物研究院是山东大学与山东鲁南制药股份有限公司合作共建；浙江大学—恒逸全球未来先进技术研究院是浙江大学与恒逸石化股份有限公司合作共建；齐鲁工业大学纸基新材料研究院是齐鲁工业大学与山东丰源集团股份有限公司合作。校企型研究院的形式比较复杂，有的是实体机构，或合作成立独立法人的企业，或以非独立法人的大学校内二级单位形式运行，也有的是虚体机构，仅仅在大学或者企业内部腾出一间办公室挂一块牌子。

2.1.3 混合型地方研究院

混合型地方研究院是指高校与地方政府、有需求的企业合作建设研究院。例如，桂林理工大学广西金属材料研究院是桂林理工大学与扶绥县政府、广西南国铜业有限责任公司合作共建；上海交通大学上海人工智能研究院是上海交通大学与闵行区政府、临港集团、博康集团四方合作建设；华南农业大学肇庆华农生物产业技术研究院是华南农业大学与肇庆市人民政府、肇庆大华农生物药品有限公司合作共建。混合型研究院的运行形式因项目不同而多样化，兼具有校地型和校企型的特点。

2.2 面向产业不同

根据面向产业的不同，高校地方研究院可以分为面向农业、钢铁、海洋开发等传统产业的研究院（传统产业型）和面向生命科学、新能源、新材料等高新技术产业的研究院（高新产业型）。

2.2.1 传统产业型研究院

主要是引导更多高水平的学科、科技、人才等要素向传统产业行业集聚，加快推进传统产业转型发展。例如，浙江大学山东（临沂）现代农业研究院的业务开展范围主要是种业种苗、设施农业、数字农业、农产品加工、农产品物流、大健康等现代农业研究；浙江工业大学宁海海洋研究院主要围绕海洋工程装备、海洋生物资源开发及保护利用、海洋化工及新材料及高端模具制造技术等领域，瞄准国际前沿和国内领先水平，开展前瞻性和应用性研究；东北大学中天钢铁研究院主要为中天钢铁的产品开发、绿色生产、节能降耗提供技术支撑，并面向常州市冶金和装备制造业提供技术研发、成果转化、人才培养和技术服务。

2.2.2 高新产业型研究院

主要是高校与地方政府、企业合作，面向高新技术产业发展，发挥强强联合、互惠互利、优势互补、资源共享的优势，在信息交流、成果转化、人才培养、技术开发等方面进行合作。例如，东南大学盐城新能源汽车研究院以服务盐城经济发展为宗旨，在积极发挥东南大学科技、人才、信息、教育优势的基础上，充分依托盐城市的产业和经济优势，用先进的科研成果推动盐城新能源汽车产业发展；哈尔滨工业大学无锡新材料研究院主要是为材料产业发展提供技术支持，建有高层次的材料表/界面工程、功能膜材料、功能晶体材料及器件特种胶接与密封材料等四个技术研发平台。

2.3 发展定位不同

根据发展定位的不同，高校地方研究院可以分为以科学研究和人才培养为主的科研型研究院，以为政府、企业和行业发展提供参谋建议的智库型研究院，以将大学的科研成果产业化为主的成果转化型研究院。

2.3.1 科研型研究院

科研型研究院是指高校与地方政府合作，发挥高校在科学研究和人才培养方面的优势，服务地方发展需求而建设的研究院。例如，东南大学苏州研究院集高层次创新型人才培养、高水平科学研究、高技术成果转化、国际合作办学、服务地方经济社会发展为一体，截至2018年12月底，在校全日制硕士研究生近1000人，累计招生3000余人，获得硕士学位2150余人。中国科学技术大学苏州研究院是中国科学技术大学与苏州市人民政府合作建设的高等科研教育机构，实行理事会领导下的院长负责制，努力探索产学研相结合的多元化合作发展道路。自2003年9月首批专业学位研究生入驻研究院以来，研究院累计培养研究生6592人，近五年来在校人数一直保持在2100人以上，博士生保持在120人左右规模。此类研究院有一个非常明显的标志，就是其定位中的人才培养是与高校异地办学紧密联系着的。在研究院的日常工作中，人才培养是十分重要的方面，往往是从研究生层次开始培养，逐步发展壮大，最终研究院演化成了校区，承担起了本科人才的培养任务。例如东南大学苏州研究院是2005年10月成立的，经过十几年发展，于2018年12月，正式成为东南大学苏州校区。类似的案例还有中国人民大学苏州研究院发展成为中国人民大学苏州校区。

2.3.2 智库型研究院

智库型研究院是指高校与地方政府、企业合作，集聚国内外行业领域内的知名专家、学者，在某一领域开展前瞻性科学研究和提供决策咨询。例如，青岛市城乡建设研究院是由青岛理工大学与青岛市城乡建设委联合成立；北京社会建设研究院是由北京城市学院与北京市委社会工委合作共建；南京大学南京社会建设研究院是由南京大学社会学院与中共南京市委建设工作委员会合作共建。智库型研究院由于以咨询业务为主，因而在实际的运行中大部分是虚体机构。

2.3.3 成果转化型研究院

成果转化型研究院是指高校与地方政府、企业合作，以产业共性技术和关键技术为研究对象，以推进高校科研成果产业化为目标的研究院。例如，浙江工业大学义乌科学技术研究院是由浙江工业大学和义乌市人民政府合作建立，致力于将浙江工业大学的人才和科研优势与义乌行业产业进行深度对接，打造政府支持、产学研结合、面向市场的集科技研发、成果转化、企业孵化、人才培养、科技服务于一体的综合性创新服务平台。电子科技大学广西智能制造产业技术研究院集产业技术研究、成果转化、孵化创业、人才培养、行业发展于一体的人工智能与智能制造应用技术研发、服务和转化平台，打造国内人工智能与智能制造领域的一流联合科研机构，管理、成果和效益一流的公共研发平台，成为中国—东盟国家间科技交流、人才培养的桥梁，为企业技术升级与产业转型提供强大人才支撑。

以上三种类型分类主要是从不同角度对高校地方研究院进行的分类，在实际的运作过程中，基本上所有的研究院都兼有多类特点，例如深圳清华大学研究院既是校地型、高新产业型，同时也是成果转化型。

3 高校地方研究院的作用

高校地方研究院是公共服务和科技创新平台，它以承担科技成果转化、智库咨询服务、产学研合作和人才培养等为首要任务，是技术创新与区域经济结合的一种新模式。研究院一方面通过有组织地策划和对接重大科研项目合作，提升学校应用科学研究能力及科研服务社会能力，另一方面整合学校优势学科资源，与地方产业进行对接，服务地区经济发展的重大需求，为重大投资项目提供解决方案，助推区域经济发展。其具体作用主要体现为：人才与资源的聚集平台、科研与产业的对接端口以及技术孵化与转化的基地。

3.1 人才与资源的聚集平台

高校地方研究院是一个具有市场活跃度高、产业专注度强、开放创新性活等特点的新型平台,是高端人才和科研资源的聚集平台。它可以依托高校优势学科与创新平台、科研院所的研发力量,不断引进国内外高层次人才,实现优质科教人才、创新人才与创业人才一体化培养,同时也可以为相关产业企业提供科研与行业联合培养、培训的新模式,从而成为高端人才与资源的集聚平台。在这个平台上,可以通过加强院士工作站、企业博士后流动站等建设,促进高端人才引进和培育,支撑产业高水平发展;面向企业开展技术技能和工程及企业管理等培训,支撑企业工程技术人才、企业管理人才的能力提升发展;推进在校研究生积极参与地方重大产业化项目,提升学生的工程应用和产业实践能力,为地方产业发展储备人才;引进并培育具有创新、创业经验的研究型人才成为技术经理人,促进成果转化工作。

3.2 科研与产业的对接端口

高校地方研究院的主要功能之一就是利用高校的人才和科研资源优势,面向产业、面向企业开展技术服务,促进企业的科技创新能力建设,实现科研对于产业的对接端口作用。研究院以产业发展需求为导向,以提升企业科技创新能力为宗旨,为企业发展提供技术开发、技术服务、技术咨询、技术转移等全方位科技服务,解决行业产业技术瓶颈难题,推进高校科技创新与产业经济发展接轨,促进地方产业转型升级、支撑区域经济高质量发展。具体体现为高校利用优质科研资源和较强的应用技术研发能力，有针对性地帮助企业开发新技术、新产品，帮助区域内企业解决技术难题，孵化高新技术企业等。这样可以有效解决区域内中小企业的技术改造和技术服务问题，促进区域产业转型升级，促进科技成果在区域内的快速转化。

3.3 技术孵化与转化的基地

高校具有科研优势，但是科研成果转化为技术产品需要经过试验、生产的完善，需要进行设计、改进并能够成功融入生产实践过程，完成最终产品。但是前沿技术的研究和产业化过程往往周期长、投入大、具有较高的技术风险和经济风险。由于受到各种因素的制约，无论是高校还是企业均难以依靠自身能力单独完成，因此需要有中试和技术孵化、转化基地。高校地方研究院就非常出色地承担起了这个角色。它能够围绕地方产业发展需求，建立科技成果从实验室研究到产业化的科技成果转化机制和组织保障，汇聚创新要素，对产业发展中具有共性的关键技术开展研发，同时将其扩散到多个相关领域中，使其能够广泛适用于行业内的其他企业，从而有利于更多企业分享科技进步和成果攻关带来的红利。高校地方研究院可以解决科技成果转化过程中的"最后一公里"问题，做好科技成果从实验室开发到中试研究、再到产业化的转化衔接。为科技成果产业化打造专业的中试研究物理空间，提供资金、人才、运行保障等扶持政策和全流程管理服务，为高校科研团队实施中试研究、实现科技成果转化提供必要的保障。

4 高校地方研究院存在的问题

高校地方研究院经过20多年的发展，取得很大的成绩，为高校科研成果转化和区域经济发展做出了较大贡献，尤其是最近十年，中国出现了愈来愈多的大学与地方政府或企业合办研究院，研究院的功能日趋多样化。但是随之而来的问题也开始出现，主要表现有以下两个方面。

4.1 技术研发层次偏低

技术发展不能形成有效的核心竞争力，无法助力企业持续发展。目前大多数研究院的技术研发还停留在对企业的技术服务层面，其作用仅限于解决企业的某个具体的技术难题，而对企业的自主创新、开发独特产品、发展独特技术等核心竞争力的提升还远远不够，更不用说对于国家和地区产业、行业的推动上了。

4.2 产学研合作效果不明显

虽然很多研究院的建院思想是走产学研一体化发展道路，但是真正取得丰硕成果的仍然是少数。很多研究院由于多种因素的影响，研发工作受影响，聚不起规模，无法把科技成果转化为社会生产力，没有实现最初的产学研协同发展的设想，甚至个别高校的地方研究院最后只剩下教育培训业务。

据有关文献资料显示，在全国众多的高校地方研究院中，能够按照当初建院初衷发展起来，发挥出其价值和作用的高校地方研究院不到一半。多半数研究院发展差强人意，作用发挥有限，离目标和要求相差甚远。个别少数研究院处于勉强维持的状态，还有的研究院已经关门大吉。

4.3 合作各方存在的问题

研究院的合作方主要涉及的合作方有高校、地方政府和企业。各方在合作中均有各自应有的定位，高校的优势在于科研与创新，地方政府的优势在于协调资源和政策引导，企业的优势在于资金和运作能力，但是由于受到各种因素的影响，事实上各方的优势并没有充分发挥出来，存在缺位、错位或者越位的情况。

4.3.1 高校方面的问题

发展理念方面。部分高校建设地方研究院的理念趋向保守传统，仅仅以人才培养或者解决自身发展中的某些具体问题为出发点，考虑研究院的建设发展方向时，在提供科技服务以推动区域经济发展方面考虑不足；在通过搭建校地（校企）合作平台，实现优质资源共享，进而服务于地方经济（企业）发展方面，认识不足，缺少实际行动。

功能定位方面。部分高校地方研究院重视科研以及相关成果转化工作，但是其着眼点往往放在短期，关注短期内是否取得一定的效益，缺乏长期规划。还有部分高校地方研究院一方面对企业的培育以产出作为衡量目标，把工作重心放在科研上，集中优势资源开展产学研活动，另一方面又无法及时根据地方产业结构转型升级和市场需求的动态变化情况，调整扶植项目，造成科技成果难以满足地方产业发展需求。

战略规划方面。近几年来，高校与地方政府热衷于联合建设研究院，个别大学与不同地方政府组建几个甚至十几个研究院。部分高校在与地方政府合作时处于被项目和政策吸引而积极主动出击的状态，对于本校如何建设地方研究院缺乏通盘考虑，没有在学校整体发展战略布局层面上做好充分论证和部署，没有从学科发展与地方产业发展紧密结合的角度寻求合作方，导致科技成果"供需"之间的平衡性有所欠缺。

具体实践方面。部分高校对地方研究院在关键的人力资源配置、政策支持、管理与服务等方面投入还有所欠缺，协同创新效应不够凸显。高校的部分科研人员依然陶醉于就科学问题研究科学问题，忽视了成果转化和企业的需求；个别科研人员矫枉过正，主要精力没有放在科研上，而是投入到企业运作中去。

4.3.2 地方政府的问题

发展理念问题。地方政府作为高校地方研究院的主要投入方，在研究院建设时投入了资金、人力、物力以及相应的优惠政策，因此希望研究院能够在最短的时间内融入地方产业，在尽可能短的时间内产生落地的产业化成果，从而形成税收和社会效益。然而高校对地方研究院的发展理念一般是将其作为高校技术研发的延伸平台，形成从基础研发、中试再到产业化转化的完整链条，培育重大项目与重大成果，最终实现产业化，融入地方创新体系。这种合作双方对地方研究院长期效应和短期效应之间的冲突，会导致地方研究院发展受到影响。

功能定位问题。部分地方政府和企业作为高校地方研究院的合作方，对科技发展和利用科技推动区域经济发展（企业发展）认识不足，仅仅将研究院作为（政府）宣传科技创新时的亮点和政绩，或（企业）解决具体技术问题的依靠，并没有认识到研究院在产学研合作协同创新机制、提高企业技术创新能力、加快促进区域创新体系建设及加强支撑引领区域经济发展等方面所发挥的重要引导作用与援助作用，个别研究院甚至成为获取相关政策支持、补贴的手段。

总体来说，由于地方政府在对研究院建设的发展理念和功能定位认识方面的偏颇，致使高校地方研究院在开展科技合作共建、构建校地融合模式过程中困难重重、发展速度滞缓。

4.3.3 企业的问题

从企业角度看，主要体现在企业由于对经济效益的追求，主要关注短期是否能够取得效益，缺乏长远的战略眼光和足够的耐心，对高校的兴趣点在于希望它们能够直接提供可以产业化的产品，而对科研和科技成果不感兴趣。从而导致校企双方在理念、定位上的差异，致使双方的理解、信任和合作不能深入。

4.4 合作方面存在的问题

理论上研究院应该以地方经济社会发展或企业发展需求为导向，充分发挥各参与方的作用，例如政府的政策引导和支持作用、企业的参与配合和经费投入，高校的人才培养和科研作用，各方应逐步建立起多方参与、双向共赢和长效保障的合作互动机制。但是事实上，很多研究院的合作互动机制存在问题，无法保证各参与方各司其职、良性互动，体现为不能统筹协调资源，导致资源的整合和优化配置不到位；缺乏具有活力的科技研发及科技成果转化机制等。除此之外，还有一些认识、落实等方面的问题，导致研究院运行有问题。

由于部分参与方的认识问题导致对研究院的政策和资源支持力度和持续性难以保证。例如，有参与方认为研究院就是一个企业，或者是事业单位企业化运行的特殊企业，因此考虑的多是从研究院多获取些利润回报，且周期较短为宜，较少考虑到研究院的长远发展和长期规划项目。因此在涉及经济投入和政策支撑的时候，往往处于比较犹豫或者态度不坚决的状态中。

有的研究院在合作过程中出现了相关参与方不落实承诺条件的情况。例如，有些参与方在研究院合作初期，为吸引高校落地，会承诺一些涉及人事、财务和资源支持等方面的优惠条件，但是在实际的落实过程中，由于各种原因，许多优惠条件支持力度或只有一期，后期就不到位了，或部分落实，部分不落实，这样不履行承诺条件直接造成一些高校地方研究院在成立之后，举步维艰，难以发挥其当初设想的作用。

有的研究院在设立之初就意味着没有好的发展未来。例如，高校设立的研究院首先是高层次的科研、人才培养和成果转化机构，对其周边区域的经济发展环境、人文环境以及产业发展状况都有一定的要求，换言之，只有这些条件满足了，研究院才能够发挥出其应用的作用。但是有些参与方不仔细考虑本区域本企业的实际情况，盲目引进研究院，而高校也是为其优惠条件所吸引才积极参与的。最后的结果是，虽然研究院成立了，但是由于各方条件都不具备，导致人才留不住，科研做不了，成果转化没希望，研究院的发展堪忧。

4.5 运行机制存在的问题

运行机制方面的问题主要有研究院与母体高校关系问题、研究院自身造血功能缓慢问题和缺乏人才汇聚机制的问题。

4.5.1 研究院与母体高校关系问题

一般说来，高校地方研究院既有教学科研的事业单位属性，又具有企业化、市场化的运行特性。深圳清华大学研究院的"四不像"理论充分说明了研究院的特点，但正因为这"四不像"，导致研究院与母校运行体系对接不畅，缺乏系统规划和配套设计。例如，在决策方面，一些高校对地方研究院不放心，或不了解研究院运行的特殊性，把决策权等重要管理权限统一放在本部，研究院事无巨细都得汇报，使一些研究院缺少活力和市场快速反应能力。在人事制度和政策方面，研究院聘用的科研人员遇到人事方面的困难，无法落实编制、职称等问题，学校不能同等对待，与学校本部人员待遇出现落差等。

4.5.2 研究院自身造血功能缓慢问题

高校地方研究院的经费来源主要来自合作方，地方政府或者企业，在其成立初期主要靠"外部输血"来生存和发展。但它或受制于政府资金的投入和管理方式，政府财政资金的使用和体制机制的创新仍然有较大的障碍，或由于企业等方面因素影响，资金到位不足额、不及时、不持续。研究院的发展需要通过为企业提供技术服务、进行科技成果转化等多种方式，逐渐形成自我造血功能，以保证研究院不断健康发展。但是，技术的研发、中试以及产业化过程本身需要一定的时间周期并具有极大的风险性和不确定性。科技成果转化早期的资本行为是典型的科技金融。但是在现阶段，我国市场上寻求项目的金融资本普遍看重良好的财务报表和明确的营收，而贷款类资金看重固定资产抵押和担保。处于中试阶段及成果转化早期阶段的项目，由于还没有完全解决其技术存在的不确定性和风险性、尚未形成从技术到产品到市场的良性循环，暂时还不能产生销售收入，也没有土地、厂房等固定资产可作为抵押物，故较难成为社会金融资本的投资标的。所以许多设立在经济发达地区的研究院选择通过教育培训、办公场地租赁等方式构建最初的造血模式，但是在欠发达地区，这种早期盈利模式难以实现。

4.5.3 缺乏人才汇聚机制

高校地方研究院的人员组成一般由高校兼职或派驻的管理人员、高校从事成果转化的科学技术团队以及当地自聘人员组成。第一类人员大多由高校现有工作人员中派遣至研究院工作，第二类人员是跟随项目到研究院工作的研究人员以及他们的工程技术队伍和研究生队伍，第三类人员多数来自当地并受聘于研究院或项目的相关岗位。第一类和第二类人员由于需要兼顾两地，因此不得不花费大量的时间在高校与研究院两地之间往返，但是由于多种因素，造成事实上其主要精力还是放在高校本部，放在研究院上的时间和精力都不足，长期如此，容易造成研究院成为变相的空壳。第三类人员属于在研究院当地聘用人员，理论上能够长期全职在岗工作，但是由于相关的人事等配套政策不到位，很难吸引并留住高端人才，一般能够长期工作的都是普通人才，高端人才一旦遇见有更高的平台马上就会选择离开。高端人才不全职、全职人员不高端的实际情况，严重影响了研究院的良性发展。

5 高校地方研究院未来发展

高校地方研究院承载着科技创新、成果转化、人才培养和咨询智库等诸多功能，能够发挥出1+1＞2的作用，有利于高校科研发展，有利于地方区域发展，有利于产业发展。但是，在其发展过程中，参与各方也需要进行自我调整，以便推进研究院更好、更快地发展。

5.1 高校层面

5.1.1 思想认识方面

高校与地方政府和企业合作中要进一步解放思想。一是要有借力社会资源发展学校的思想，积极与地方政府或企业合作。从我国经济和社会发展来看，区域经济和行业企业等的发展迫切需要高校人才和科技支持，高校成果转化也离不开企业的广泛参与。但是在具体的实践中，一般都是地方政府或企业主动联系高校，高校少有主动行为。二是要有科研与地方发展、经济产业发展相接轨的思想。高校在科研立项时，对地方资源优势、企业需求、市场动态等了解很少，更谈不上积极深入生产第一线进行调研，导致研究成果与经济发展需求、技术更新需求相脱节，研究成果无法真正服务于经济和产业。三是要有广纳天下英才为我所用的思想。企业技术人员和地方政府相关职能部门人员是处于经济和产业发展中的一线人员，他们了解情况，熟悉需求，对市场动向有敏锐的洞察力。高校应本着不求所有，但求所用的思路，积极欢迎此类人员参与课题研究和研究院相关工作，这样更有利于研究院与地方政府、企业的协作发展。

5.1.2 制度建设方面

高校与地方政府、企业合作中要进一步建立和完善相关制度。一是将地方研究院的规划和发展纳入学校整体的战略发展规划中来。学校应当根据国内相关区域的产业布局、自身的优势学科方向，统筹对地方研究院工作进行战略部署和规划。二是要尽快制定出有利于产学研合作的政策，调动教职工开展产学研合作的积极性。同时鼓励有科研成果、具有开拓创业精神的教师到地方研究院任职或者兼职，根据企业需要进行技术培训和合作研究开发，促进科技成果的商品化和产业化。三是要完善科研管理制度。学校应打破原有的条条框框，给予高校研究院必要的管理权限。赋予科研项目负责人更大的科研经费支配权、研究人员选聘权、科研设备购置权。在科研项目及其经费方面，逐步建立基于效率的科研经费使用管理新机制，引导科研人员关注科技创新和科技成果转化活动的投入产出效率，使有限的科技创新资源发挥更大效益。

5.1.3 机制建立方面

高校与地方政府、企业合作中要进一步建立和完善相关机制。一是要

215

广泛吸收地方政府和企业人员参加，建立和完善相关合作沟通机制，加强联系。通过这种联系机制，使高校可以了解企业和社会对人才的实际需要，加快产学研合作教育，提高学生的工程实践能力和社会适应能力，加快高校科研成果的开发转化。二是要建立起校内科研人员与研究院研究人员的双向交流机制。一方面保证校内科研人员可以根据项目的需要随时去研究院兼职或者专职工作一段时间，项目结束后马上就能回归学校。另一方面研究院聘用的研究人员，也可以根据需要，能够到校内短期开展研究工作。三是要建立绩效管理反馈机制。机制一方面要充分考虑科技成果的先进性、实用性和贡献性，另一方面还要考虑地区产业化应用的针对性和可行性。同时建立竞争淘汰机制，根据评价结果制定奖励和评价政策，保证研究院的成果既具有明晰的市场需求前景又有转化为现实生产力的价值效益。

5.2 地方政府层面

5.2.1 思想认识方面

地方政府在与高校合作建设研究院时需要统一思想，明确认识。一是要明确认识到研究院建设的重要意义，切实加强宏观管理、政策引导，在落实政府责任的同时，鼓励和引导社会力量多渠道、多层次参与研究院建设。二是要坚持特色发展。政府应围绕本区域特色产业发展、企业技术创新需求，在充分调研各相关高校的学科优势、论证各高校的研发实力基础上进行顶层设计和精心规划，确保合作建设的研究院能够体现区域特色，符合本区域经济和产业发展需要。避免出现仅仅追求研究院建设数量，而忽视研究院自身质量和内涵。三是要尊重科技成果转化规律，加强地方产业与科技成果的嫁接，强调相关科技成果转化工作的市场导向，最终让科技创新为产业发展做出实际贡献。地方政府在"重经济指标"的同时，也应当"重科技指标""重人才指标"。

5.2.2 制度建设方面

地方政府在与高校合作建设研究院时需要建立健全相关政策和制度。一是要规范对研究院管理与支持方式。地方政府应当根据协议条款约定，制定相关履行出资义务的具体实施办法，同时将资金合理分类使用，其中用于研究院运营的基本费用尤其应当及时拨付并明确性质，便于研究院构建良好的运营体制机制。二是要明确研究院及其转化项目的考核办法。对研究院转化的项目制定相关考核和扶持规定，同时建立起以市场需求为引导、技术产业化为目标的绩效考评制度。三是要建立起各方的议事规则。引进和扶持高校研究院是一个复杂的系统工程，必须遵循科研规律和教育规律，政府、高校、企业要准确定位，建立起有效的议事规则，保证协议落实、承诺兑现，做到服务不缺位，管理不越位。

5.2.3 机制建设方面

地方政府在与高校合作建设研究院时需要建立和完善相关机制。一是要探索建立以政府支持、企业投入、高校参与的产学研联合运行机制，把各参与方紧密地结合起来，进一步发挥企业生产、资金、劳力及高校技术优势，将高校的科技优势转化为企业的经济竞争优势。二是要完善技术创新的融资机制。发挥政府引导基金的杠杆作用，吸引信贷资金和社会资本投入，为产业化创新以及商业化运作提供引导性的资金支持，同时，在科技成果转化过程中，引导基金与社会资本充分对接，促成科技成果与社会资本互动，鼓励社会资本加大对科技成果转化项目的投资力度。三是要完善科技成果信息共享机制。在不泄露国家秘密和商业秘密的前提下，及时了解高校的最新科研成果信息，向社会公布科技成果和相关知识产权信息，提供科技成果信息查询、筛选等一站式技术创新服务。同时，掌握企业的需求信息，通过专业机构市场化运作，完成高校的科技成果挂牌公示交易。

5.3 研究院层面

5.3.1 思想认识方面

研究院对自身的定位和作用要有清醒和清晰的认识。一是要掌握好定位。研究院是开展政产学研合作的重要形式，在服务地方和行业，开展人才培养、科学研究和成果转化方面有着重要地位和价值，是高校密切联系社会的桥梁和纽带。二是要积极争取母体高校支持。一方面积极争取纳入学校整体战略发展规划，另一方面努力争取涉及人事、财务、科研等具体事项的支撑和配套政策。三是要积极争取各参与方的支持。从地方政府相关支持和配套政策的出台和落实，项目的中试与转化过程中的协作，到企业经费的投入，人员的支撑，等等诸多方面，都需要研究院充分发挥内生动力，协调各方，才能落实一件一件的事情，推进一个一个的项目。

5.3.2 制度建设方面

研究院需要结合自身定位和当地的具体情况建立健全相关制度。一是要建立起比母校高校运行更为灵活的、特色更为明显的管理制度，从而得到社会更多的支持和帮助，促进科研合作和成果转化，推动研究院的发展。二是要建立起符合自身特点的人事保障制度。一方面积极争取母体高校提供一定数量的专业技术职务名额，对研究院的教师和科研人员进行聘任，或由母校与研究院实行双聘，另一方面争取地方政府支持，通过当地解决一部分人员的事业单位身份、职称评聘等实际问题。

5.3.3 机制建设方面

研究院的自身特点决定了需要建立起既能容于母体高校，又能发挥出其自身优势的运行机制。一是要建立起公益性机制。研究院继承和承担着母体学校公益性事业的职能，在开展人才培养、科研等工作方面，需求由母体高校或者地方政府提供稳定的运行经费和财政支撑。二是要建立起市场化机制。建立符合科技成果转化规律的运行机制，立足于服务区域产业发展的需求，推动科技成果转化。同时，积极拓展科技服务、成果转化服务、管理咨询、教育培训等收入渠道，从更多方面实现自我造血功能。

参考文献

国家文件：

[1]《中华人民共和国宪法》（1982年）

[2]《中华人民共和国民办教育促进法实施条例》

[3]《中华人民共和国民办教育促进法实施条例》（修订草案）（送审稿）

[4]《独立学院设置与管理办法》（中华人民共和国教育部令第26号）

[5]《中华人民共和国高等教育法》

[6]《中国教育改革和发展纲要》（中共中央、国务院1993年2月13日印发）

[7]《中共中央国务院关于深化教育改革，全面推进素质教育的决定》

[8]《中共中央关于教育体制改革的决定》

[9]《怎样在我国国民经济和社会发展计划中体现教育和科学这一战略重点》

[10]《中华人民共和国民办教育促进法》

[11]《面向21世纪教育振兴行动计划》

[12]《全国教育事业第十个五年计划》

[13]《教育部关于规范并加强普通高校以新的机制和模式试办独立学院管理的若干意见》

[14]《教育部关于"十一五"期间普通高等学校设置工作的意见》

[15]《国务院批转教育部、国家计委关于加速发展高等教育的报告的通知》

[16]《关于1977年高等学校招生工作的意见》

[17]《国务院关于鼓励社会力量兴办教育促进民办教育健康发展的若干意见》

[18]《国家中长期教育改革和发展规划纲要》（2010-2020年）

[19]《国家教育事业发展"十三五"规划》

[20]《中外合作办学暂行规定》

[21]《党的十二大报告》

[22]《李岚清教育访谈录》：高等学校调整决策始末

[23]《中国教育年鉴》（1949-2019）

[24]《中外合作办学暂行规定》（1995）

[25]《教育部关于当前中外合作办学若干问题的意见》（2006）

[26]《教育部关于进一步加强高等学校中外合作办学质量保障工作的意见》（2013）

[27]《教育规划纲要实施三年来中外合作办学发展情况》（2013）

[28]《中华人民共和国中外合作办学条例》（2003）

[29]《中华人民共和国中外合作办学条例实施办法》（2004）

[30]《关于当前中外合作办学若干问题的意见》（2006年4月）

[31]《关于进一步规范中外合作办学秩序的通知》（2007年4月）

[32]《关于开展中外合作办学评估工作的通知》（2009年7月）

[33]《关于做好新时期教育对外开放工作的若干意见》

[34]《关于招收自费外国来华留学生的有关规定》

[35]《民办高等学校设置暂行规定》（1993）

[36]《中国教育改革和发展纲要》

[37]《高等学校境外办学暂行管理办法》（2002）

[38]《上海市境外机构和个人在沪合作办学管理办法》

[39]《上海市国际合作办学人事管理暂行规定》

[40]《上海市国际合作办学收费管理暂行规定》

[41]《教育部办公厅关于开展中外办学评估工作的通知》

[42]《关于加强中外合作办学活动中学位授予管理的通知》

[43]《关于做好中外合作办学工作的实行意见》

论文文献：

[1]程斌. 2000年以来我国中外合作办学研究综述[J]. 学术论坛, 2007(2): 196-199.

[2]伍宸. 改革开放40年来我国高等教育国际化发展的变迁与展望[J]. 中国高教研究, 2018(12).

[3]刘琪. 高等教育中外合作办学项目发展现状及策略[J]. 厦门城市职业学院学报, 2019(1): 26-33.

[4]付悦涵. 近年来我国中外合作办学研究综述[J]. 科教文汇, 2018(8).

[5]李灿美. 我国中外合作办学政策的变迁及其优化策略湖南社会科学, 2019(1).

[6]李阳. 中外合作办学项目发展现状研究[J]. 现代教育论丛, 2015(4): 48-55.

[7]缪雅. "双一流"建设背景下中外合作办学创新发展的路径研究[J]. 高等教育, 2019(3): 189-191.

[8]胡娇阳. "一带一路"背景下中外合作办学新发展[J]. 内蒙古师范大学学报, 2018(6): 97-100.

[9]孙雪花. 论当代全球化教育背景下高校中外合作办学的利与弊[J]. 教学教学论坛, 2018(23): 70-71.

[10]周艳红. 现阶段中外合作办学的优势和发展前景[J]. 科技创新导报, 2012(34). 139.

[11]王奕权. 新时代中外合作办学发展的逻辑与前景[J]. 吉林省教育学院学报, 2019(3): 148-152.

[12]林金辉. 新时代中外合作办学的新特点、新问题、新趋势[J]. 中国高教研究, 2017(12): 35-37.

[13]雷天恩. 中外合作办学：历史、现状与前景[J]. 兰州学刊, 2008(12): 203-205.

[14]薛二勇. 中外合作办学改革和发展的政策分析[J]. 中国高教研究, 2017(2): 24-28.

[15]陆静如. 中外合作办学助力高校一流学科建设——以行业特色高校为例[J]. 教育探索, 2019(4): 63-67.

[16]翁彦. 高等教育中外合作办学产生的背景及动因研究[J]. 教育教学论坛, 2019(13): 70-72.

[17]刘琪. 本科层次中外合作办学项目发展困境及对策[J]. 现代教育管理, 2018(4): 25-30.

[18]李洋. 我国高校中外合作办学的问题与对策[J]. 盐城工学院学报, 2019, 32(2): 111-113.

[19]徐洁. 我国中外合作办学的现状及其存在的问题[J]. 中国高教研究, 2003(10): 59-61.

[20]贾波. 中外合作办学现状及存在的问题[J]. 高等教育研究, 2005, 6(2): 38-41.

[21]李秀香. 高校服务地方社会经济发展及产学研合作对策研究[J]. 科研教育, 2020(13).

[22]陈鹏勇. 高校异地办学的可持续性发展——以珠海大学园区为例[J]. 高教探索, 2008(4): 36-39.

[23]蔡文慧. "高等教育特区"：以深圳大学城与苏州高教园区典型异地办学高校为例[J]. 教育教学论坛, 2013(20).

[24]印亚军. 江苏省高校与地方政府异地合作办学探究[J]. 中国成人教育, 2019(5):

55-57.

[25]贾秀险. 中心城市高等教育发展模式研究——深圳为例[J]. 教育评论, 2019(5): 14-17.

[26]顾建民. 大学城: 我国发达地区高等教育发展的新探索[J]. 高等教育研究, 2003(4).

[27]康艳. 北京沙河高教园区与城市边缘区协调发展研究[J]. 北京航空航天大学学报, 2011(3): 57-60.

[28]董卓宁. 高校新校区学风建设的探索: 以北京航空航天大学沙河校区为例[J]. 浙江树人大学学报, 2013, 26(4): 117-120.

[29]王培英. 高教园——提升综合国力的生力军[J]. 现代教育科学, 2004(4): 26-28.

[30]章艳华. 高教园与区域经济协同发展对策研究[J]. 职教论坛, 2009(32): 4-5.

[31]黄翼. 高校校园选址与资源共享研究——以广州大学城为例[J]. 华南理工大学学报, 2015, 17(3): 106-116.

[32]王怀宇. 沪、浙、深高教园(大学城)建设: 经验与启示[J]. 北京教育: 高教版, 2005(7): 9-11.

[33]吴东照, 王运来. 产教融合背景下科教资源低丰度地区高教园区建设路径研究[J]. 扬州大学学报, 2019, 23(1): 3-8.

[34]彭华安. 独立学院: 创生背景、演进态势与政策议题[J]. 教育理论与实践, 2015, 35(15): 3-6.

[35]肖斌涛. 独立学院的办学特色研究与探索[J]. 文教资料, 2009(5): 159-162.

[36]阙明坤. 我国独立学院转设现状分析及对策研究[J]. 教育研究, 2016(3): 64-71.

[37]黄炳超. 新形势下我国独立学院转型与发展的战略思考[J]. 研究与探索, 2015(18): 5-9.

[38]彭华安. 独立学院办学模式的特殊性分析[J]. 教育理论与实践, 2016, 36(3): 6-8.

[39]肖基毅. 学院办学特色几个基本问题的研究[J]. 文教资料, 2012(10): 89-108.

[40]杨立军. 独立学院发展方向辨析[J]. 陕西广播电视大学学报, 2018, 20(3): 75-79.

[41]张圆圆. 独立学院特色办学研究——以西安科技大学高新学院为例[J]. 产业与科技论坛, 2018, 17(16): 146-147.

[42]吴春蕾. 加强教风学风建设,提升独立学院办学水平[J]. 高等农业教育, 2016, 5(5): 20-24.

[43]杨晓宏. 论独立学院之办学定位[J]. 教育与教学研究, 2018, 32(11): 28-34.

[44]曾艳. 应用技术型大学:独立学院办学类型的定位与发展[J]. 经济研究导刊, 2014(36): 244-245.

[45]龙春阳. 独立学院办学特色面临的主要问题及其分析——以浙江林学院天目为例[J]. 高教研究, 2007(1): 15-16.

[46]周翔. 独立学院对外合作办学项目管理的优化研究[J]. 福建教育学院学报, 2015(10): 23-26.

[47]阙明坤. 独立学院混合所有制办学模式研究[J]. 高等教育研究, 2017, 38(3): 65-71.

[48]陈明秋. 对独立学院办学特色的一点建议[J]. 教育教学论坛, 2016(33): 104-106.

[49]邓滨雁. 辽宁省独立办学基层电大师资队伍建设现状分析[J]. 辽宁师专学报, 2019(1): 123-130.

[50]孙杨. 浅谈独立学院办学特色及可持续发展[J]. 课程教育研究, 2013(1): 35-36.

[51]许忠兵. 浅析异地办学独立学院外聘教师聘用与管理的问题[J]. 科教导刊,

2014(11): 72-73.

[52]杨俊. 独立学院未来发展方向研究[J]. 科技与管理, 2015(2): 25-27.

[53]杨立军. 独立学院发展方向辨析[J]. 陕西广播电视大学学报, 2018, 20(3): 75-79.

[54]徐军伟. 转设与迁址：独立学院两类转型发展模式比较[J]. 宁波大学学报, 2017, 39(5): 53-57.

[55]吴跃文. 对国有民办二级学院属性的几点认识[J]. 杭州师范学院学报, 2000(7): 109-111.

[56]江晓铃. 国有民办二级学院：实现高等教育大众化的有效平台[J]. 教育发展研究, 2002(3): 13-15.

[57]孟金莲. 国有民办二级学院财务管理体制探究[J]. 昆明大学学报, 2005(2): 91-93.

[58]常丽丽. 国有民办二级学院的发展问题及对策[J]. 太原师范学院学报, 2005, 4(12): 131-133.

[59]林春. 国有民办二级学院的理论思考与实践探索[J]. 黑龙江高教研究, 2004(2): 66-69.

[60]张兴. 国有民办二级学院的起源与类型[J]. 民办教育, 2003, 9(37): 91-93.

[61]刘翠秀. 论举办国有民办二级学院的意义[J]. 广西教育学院学报, 2003(2): 1-3.

[62]沈璐. 我国国有民办二级学院的模糊产权问题探析[J]. 煤炭高等教育, 2005(6): 43-45.

[63]张丽娟. 高校异地研究院建设模式研究——基于利益相关者理论[J]. 教育理论研究, 2018(26): 82-85.

[64]赵建仓, 袁杰, 吴志辉, 何刚, 薛康. 创新高效产业技术研究院运作模式[J]. 中国高校科技, 2019(3): 94-96.

[65]左玉河. 中国现代大学研究院制度的创建[J]. 北京大学教育评论, 2010(3): 51-64.

[66]胡罡. 地方研究院：高校科技成果转化模式新探索[J]. 研究与发展管理, 2014, 26(3): 122-128.

[67]吴军华. 高校研究院的发展模式、价值及问题[J]. 中国高等教育, 2013(24): 13-16.

[68]孙伟, 高建, 张帷, 王德保, 冯冠平. 产学研合作模式的制度创新：综合创新体[J]. 科研管理, 2009, 30(5): 69-75.